DIE REIHE

*Archivbilder*

# VIECHTACH

## UND UMGEBUNG

Die älteste erhaltene Ansicht von Viechtach wurde von Hans Donauer 1580 in eine Fensternische des Antiquariums in der Münchner Residenz gemalt. In der Mitte die einzige Darstellung des westlich gelegenen Biertors. Links das 1350 errichtete Spital, oben die damalige Pfarrkirche mit romanischem Kirchturm. Links davon der spitze Turm der St.-Anna-Kapelle. Rechts die Spitze des Fragturms, das Gebäude mit dem Zinnengiebel am rechten Bildrand ist das Pflegamt.

DIE REIHE
*Archivbilder*

# VIECHTACH
## UND UMGEBUNG

Eva Bauernfeind und Elisabeth Spitzenberger

SUTTON
VERLAG

„Die Leinenbleiche" von Johann Baptist Reisbacher aus Kollnburg (*1803, Sterbedatum unbekannt) zeigt den Markt Viechtach.

Unser Dank gilt allen privaten Leihgebern, die uns Fotos zur Veröffentlichung in diesem Buch zur Verfügung gestellt haben. Für besonders intensive Unterstützung danken wir Heinrich Frank (Wiesing), Alois Graßl, Helmut Grotz (Viechtach), Dr. Hans Penzkofer (Kötzting) und Ludwig Treimer (Viechtach).

Sutton Verlag GmbH
Hochheimer Straße 59
99094 Erfurt
www.suttonverlag.de

ISBN 978-3-89702-324-6
Druck: Books on Demand GmbH, Norderstedt, Deutschland

Das Foto auf der Titelseite zeigt die Viechtacher Familie Gareis bei einer Bootspartie auf dem Regen in Viechtach.

# Inhaltsverzeichnis

# Weitere Quellen und Literatur:


Bauernfeind, Günther, Schönau, Hrsg. Stadt Viechtach und Arbeitskreis Dorfentwicklung Schönau, Viechtach 1996

Der Bayerische Wald. Grenzland in Not!, Denkschrift über die Aufgaben zu seiner kulturellen, sozialen und wirtschaftlichen Hebung, herausgegeben vom Ständigen Ausschuß des Kreistages Niederbayern, Landshut 1928

Hartmann, Otto, Waldeszauber. Bergländische Stimmungsbilder aus dem Waldgebirg, Regensburg, o.J.

Hazzi, Joseph, Statistische Aufschlüsse über Baiern, Nürnberg, in der Stein'schen Buchhandlung 1805

Heidrich, Hermann (Hrsg.), Mägde, Knechte, Landarbeiter. Arbeitskräfte in der Landwirtschaft in Süddeutschland, Schriften und Kataloge des Fränkischen Freilandmuseums, Bd. 27, Neustadt an der Aisch, 1997

Kollmer, Dr. Michael, Die schöne Waldlersprach, von Wegscheid bis Waldmünchen, von Passau bis Regensburg, 3 Bände, Moosbach 1989

Markstaller, Dr. Johann Baptist, „Die Geschichte Kollnburgs im Bayerischen Wald", undatiert

Maurer, Paul, „Versuch einer Chronik über den Markt Viechtach im Bayerischen Wald". Straubing 1835

Penzkofer, Rudolf, Das Landgericht Viechtach und das Pfleggericht Linden (Historischer Atlas von Bayern, Teil Altbayern, Heft 18), München 1968

Pohl, Werner, Heimatkundliche Beiträge aus dem Viechtreich (Heftreihe), Viechtach

Recht, Verfassung und Verwaltung in Bayern 1505 – 1946, Ausstellungskatalog des Bayerischen Hauptstaatsarchivs, München 1981

Spitzenberger, Elisabeth, Viechtacher Bürger und ihre Häuser, 2 Bände, Passau, Neue Presse Druckservice GmbH, 1995 und 1998

Stadtarchiv Viechtach

Viechtach um 1927. Die Bahnlinie nach Blaibach ist im Bau. Links das Umfeld des Bahnhofs

# Einleitung

Anhand von historischen Fotos soll in diesem Band die Bedeutung des Handwerks für Viechtach sowie verschiedene Aspekte des landwirtschaftlich geprägten Lebens im Umland von Viechtach aufgezeigt werden. Wir haben versucht, eine repräsentative Auswahl zu treffen, die selbstverständlich keinen Anspruch auf Vollständigkeit erheben kann.

Viechtach wurde in einer Schenkungsurkunde von 1104 zum ersten Mal erwähnt. Als Markt wurde es im 13. Jahrhundert durch die Wittelsbacher gegründet (1272 erste überlieferte Erwähnung als Markt), 1953 wurde es zur Stadt erhoben.

Im Mittelalter verliehen die Landesherrn den Märkten bestimmte Rechte und Schutzinstrumente, darunter auch das Bannrecht. Den umliegenden Bauern war verboten, ihre Waren woanders als im Markt zu verkaufen, kein Krämer oder Handwerker durfte sich im Bereich der Bannmeile rund um den Markt ansiedeln. Die Auswirkungen dieser obrigkeitlichen Regulierung sind in Viechtach teilweise noch bis in die jüngste Vergangenheit zu sehen. Die von den Zünften streng kontrollierten Handwerks- und sonstigen Betriebe im Markt begründeten oft eine sehr lange Tradition und begünstigten die Herausbildung einer wohlhabenden Bürgerschicht. Jakob Schmaus etwa baute im 18. Jahrhundert in Viechtach einen florierenden Leinwandhandel auf – unter anderem als Militärlieferant –, wovon auch die Weber profitierten. Die Weberei hatte eine Sonderstellung . Bis Anfang des 19. Jahrhunderts standen in vielen Häusern Webstühle, auf denen in langwieriger Arbeit mit der Leinwandweberei ein wenig Geld verdient wurde. Auf dem Dorf tätige Weber wurden von den Zünften als „Bauernweber" oder „Pfuscher" bezeichnet, die keine schöne Leinwand fertigen konnten (vgl. E. Spitzenberger, Viechtacher Bürger und ihre Häuser).

Im Umland von Viechtach wurde lange Zeit fast ausschließlich Landwirtschaft betrieben. Auf den Dörfern gab es zwar teilweise Schmiede, Wagner und Krämer, doch diese waren normalerweise nicht eingezünftet. Da die Bauern im Mittelalter vom Grundherren – meist der Kirche – abhängig waren, konnten sie sich im günstigsten Falle ein vererbbares Bewirtschaftungsrecht erkaufen. Sie mußten ihrem Herrn diverse Abgaben (Gilt, Zehent, Laudemien) leisten und körperliche Arbeit (Frondienste, Scharwerk) erbringen. „Sehr energisch begann man unter Kurfürst Karl Theodor (Generalmandat vom 3. Mai 1779) mit der Grundablösung (Bauernbefreiung). Den landesherrlichen Urbarsbauern wurde gegen eine entsprechende Ablösung das Erbrecht als beste Leiheform angeboten." (Recht, Verfassung und Verwaltung in Bayern 1505-1946). Endgültig aufgelöst wurde die Grundherrschaft 1848, die vorher bezahlten Laudemien etc. wurden als Bezahlung angesehen.

mit Lagerhallen für Holz und Holzbearbeitung.

Erst im Zuge der Lockerung der strengen tradierten Bannvorschriften siedelte sich auch in den Dörfern Gewerbe an. In Schönau bei Viechtach etwa werden in den Trauungsbüchern zwischen 1666 bis 1783 vorrangig „Bauer, Ackerbauer, Landwirt, Söldner, Inwohner, Taglöhner", aber auch „Jäger, Handwerker, Wagner, Schuster, Leinweber, Kutscher, Händler, Lebensmittelhändler, (...) Diener, Gerichtsdiener und Unterbeamter" erwähnt (Günther Bauernfeind, „Schönau", Viechtach 1996). Im „Verzeichnis über die Handwerksbetriebe in der Gemeinde Viechtach" für die Jahre 1885 bis 1933 sind aufgeführt: 11 Bäcker, 2 Schäffler, 2 Wagner, 3 Brauereien, 2 Buchdrukker, 1 Bürstenmacher, 22 Näherinnen (eine davon durchgestrichen), 1 Drechsler, 2 Installateure, 9 Metzger, 3 Friseure, 1 Lederfabrik, 1 Gerberei, 1 Weißgerber, 2 Glasermeister, 1 Putzmacherin, 8 Schneider, 1 Spengler, 1 Kupferschmied, 3 Konditoren, 1 Korbmacher, 5 Maler (1 durchgestrichen), 3 Baugeschäfte, 1 Maurer, 1 Kaminkehrer, 3 Mechaniker, 1 Messerschmied, 3 Mühl- und Sägewerksbesitzer, 1 Photograph, 3 Sattler, 1 Schirmmacher, 2 Schlosser, 3 Schmiede, 10 Schuhmacher, 2 Seiler, 9 Schreiner (1 durchgestrichen), 1 Hafner, 2 Uhrmacher, 3 Zahntechniker (1 durchgestrichen), 2 Zimmermänner, 1 Brunnenwart, 1 Mineralwasserfabrikant.

Bis nach dem Zweiten Weltkrieg zog der Viehmarkt Bauern der Umgebung an. Die allgemeinen Verkaufsmärkte waren an bestimmten kirchlichen Feiertagen festgesetzt. Zunächst fanden die Viehmärkte am selben Tag statt, ab 1833 jeweils den Tag darauf. Hazzi erwähnt 1805: „Märkte hat Viechtach jährlich 11, die der Volksmenge wegen von vielen Krämern besucht werden." (Joseph Hazzi, Stat. Aufschlüsse über Baiern). Nicht nur zum Handel und für handwerkliche Dienstleistungen, auch für Ämter- und Kirchgänge mußte die Landbevölkerung den Markt aufsuchen. Durch diese Zentralisierung bildeten sich Unterschiede zwischen den Bewohnern des Marktes und denen des Landes heraus. Bis 1937 gab es getrennte Schulen für Markt- und Landkinder. Oft waren die verschiedenen Dialektausprägungen Anlaß für die „Marktler", die Landkinder zu verspotten.

Auf den Bauernhöfen des Umlandes arbeiteten Großfamilien zusammen mit den „Ehhalten", um den vor allem im Sommer großen Arbeitsaufwand von Hand und mit Hilfe von Arbeits- und Zugtieren zu bewältigen. Viele Ausprägungen des Zusammenlebens blieben bis in das 20. Jahrhundert erhalten: Ausnahmshäuser für die Altbauern, Häuslleute oder Inwohner, die gegen freie Wohnung in einem kleinen, zum Hof gehörenden Wohnhaus auf dem Hof mitarbeiteten, Knechte und Mägde, die oft ein Leben lang „im Dienst" standen, „Hütbuben" aus den armen, meist kinderreichen Familien, die gewöhnlich im Alter von zehn Jahren von der Familie weg und zu Bauern in den Dienst mußten. Dies ist die Kehrseite, die auf den Fotos oft nicht zu sehen ist oder von einem romantisierenden Blick übersehen wird: die harte Arbeit, das geringe Entgelt und die fehlende Möglichkeit zur beruflichen Entfaltung. Besitzlose „Ehhalten" hatten bis zu einer Gesetzesänderung 1868 keine Möglichkeit zu heiraten. Uneheliche Kinder waren häufig. Wer kein ererbtes Eigentum hatte, konnte sich meist auch im Laufe seines Lebens nicht verbessern: einmal Knecht, immer Knecht. Bei den Handwerkern dagegen bot sich den Gesellen durch Heirat mit einer Meisterwitwe zumindest die Möglichkeit, zu Eigentum zu kommen Ein weiterer Versuch, Eigentum zu erwerben, war die Auswanderung nach Amerika. Aber auch diese erforderte zunächst einmal Geldmittel für Überfahrt etc., die Ärmsten konnten sie sich nicht leisten. Viele Auswanderer scheiterten.

Die sich innerhalb der Marktmauern herausbildende wohlhabende Bürgerschicht suchte ihre Ehepartner meist unter ihresgleichen. Dieser Hang, sich mit Partnern derselben Besitzebene zu verbinden, ist auch auf den Bauernhöfen zu beobachten. Mit der sprichwörtlichen „Bauerngröße" ließen sich normalerweise Heiraten mit Dienstboten nicht vereinbaren.

Das 20. Jahrhundert brachte wohl die größten und schnellsten Umwälzungen, von den beiden Weltkriegen über die rapide Technisierung, Motorisierung und Industrialisierung bis hin zum Computerzeitalter und der Globalisierung. Im Zuge dieser Entwicklung wurden viele Unterschiede zwischen Markt und Umland ausgeglichen. Im Laufe des 19. Jahrhundert siedelten sich auch auf den Dörfern Handwerksbetriebe und Krämereien an. Diese Entwicklung ist heute allerdings wieder rückläufig: Großmärkte und Großbetriebe in der Stadt sind auch für die Landbevölkerung mit dem Auto erreichbar, die dörflichen Kramerläden können preislich nicht konkurrieren. Landwirtschaft kann heute oft nur noch als Nebenerwerb betrieben werden.

1

# Ansichten aus Viechtach

Der Viechtacher Marktplatz wurde in den 20er Jahren vom Kirchturm herunter aufgenommen. In der Mitte der heute noch bestehende Brunnen, von vier Bäumen, wohl Kastanien, eingerahmt. Das dominierende Gebäude hinten links ist das Mädchenschulhaus, das schmale Haus daneben das Kaufhaus Stenzer, behäbig und breit das Gasthaus Schierlitz mit flachem Satteldach. Rechts das Rathaus mit Glockenturm.

Viechtach vom Südwesten her aufgenommen, dahinter Unter- und Ober-Blossersberg. Die Häusergruppe in der oberen Bildhälfte ist Neunußberg (Am Striegel), links mitten im Wald die Ries.

Der „Große Pfahl“ vor dem Quarzabbau. Der rechts schwach sichtbare Ausläufer wurde in der Folgezeit abgebaut. Für die in den 1890er Jahren erfolgte Anpflanzung – links im Bild, mit schnurgerader Abgrenzung – wurde die Marktgemeinde beim Zentrallandwirtschaftsfest 1896 in Deggendorf mit einem „Ehrendiplom“ ausgezeichnet (Baumhölzl-Chronik).

Der Pfahl mit dem 1894 errichteten Schotterwerk; der Ausläufer des Pfahl ist hier schon abgebaut. Laut Regierungsanzeiger vom 21.3.1939 steht der Pfahl seit dem 6.3.1939 offiziell unter Naturschutz (Nr. 110g C 6/32). Doch erst 1992 wurde der Abbau endgültig eingestellt.

Die Aufnahme zeigt den Festakt auf dem dekorierten Viechtacher Marktplatz anläßlich der Eröffnung der Linie Viechtach – Gotteszell 1890. Auf der Rückseite des Fotos hat ein Zeitzeuge folgende Notizen hinterlassen: (...) Planer J.B. Hennemann, Dekan u. MdL aus Böbrach. Verkehrsminister v. Crailsheim: „Wenn Euch die Bahn so wichtig erscheint, so baut sie Euch doch selber." Komittee: J.B. Hennemann, Gustav Werner, u. Koop. Josef Ferstl. Konzession am 20. Juni 1885 an Lokalbahn AG Gotteszell-Viechtach erteilt. Aufsichtsrat: BM Menzinger (Deggendorf), BM Schmid (Viechtach), Kommerzienrat Werner (Teisnach), Apotheker Gareis (Viechtach), Sporer (Viechtach), Koop. Ferstl (Viechtach), Pfarrer Matthias Faltermeier (Geiersthal). Vorstand: Konrad Schroll (Viechtach). Gesamtkapital: 1.750.000 Mark. 1890 (1. Betriebsjahr) wurden 107.630 Personen u. ca. 25.000 Tonnen Güter befördert. 1900 bereits ein Überschuß von 76.278.- Mark erwirtschaftet.

Ein Luftbild aus den 60er Jahren mit Blick auf die nördliche Häuserreihe am Stadtplatz und auf die neu erbaute Regenbrücke. Die Bahnlinie, die einen Bogen um den noch unbebauten Alterberg macht, ist heute zu einem Fahrradweg umgebaut.

# 2

# Viechtach – handwerklich geprägt

Kurfrtl. Bairischer Bann=Markt Unter Viechtach im Wald
Wir Obrigkeitl: Verordnete Vorgeher u: Meister des Handwerks

Dieser Gesellenbrief zeigt einen Kupferstich aus dem Jahr 1790 mit dem „Kurfrtl. Bairischen Bann-Markt Unter Viechtach im Wald“. Die Vorlage stammte von Michael Probst, der Stich von August Wind. In dem Dokument bestätigen die „bürgerl. Müllermeister zu Unterviechtach“, daß der Mühlknecht Joseph Schaffer von „Dallerstorf ghrts. Viechtach“, 21 Jahre alt, 4 Wochen in Viechtach in Arbeit gestanden und sich „getreu, fleißig und verschwiegen“ verhalten hat. Als „Forgeher“ unterschrieb am 25. Juli 1796 Joseph Fischl.

Die Photographen waren es, die die Menschen und Geschehnisse mit ihren Apparaten für die Nachwelt festhielten. Relativ früh kamen Wanderphotographen auch nach Viechtach. Diese Aufnahme eines Wanderphotographen (um 1880) zeigt vor dem notdürftig angebrachten Hintergrund den Viechtacher Spenglermeister Ludwig Prüglmeier mit seiner Ehefrau Katharina. Hinten, von links, die Kinder Franziska, unbekannt, Victoria, Hans, unbekannt. Hans Prüglmeier war später selber in seiner Freizeit als Photograph tätig.

Ansicht von Viechtach, aufgenommen von Joseph Wocheslander, um 1880.

Das erste Photo-Atelier Viechtachs gründete der Bader Joseph Wocheslander im Jahre 1867. In seinem Haus am Marktplatz, später Bader Baumer, wurde das Atelier über der Durchfahrt in schlichter Holzbauweise errichtet und mit einem großen neunteiligen Fenster versehen. (Staatsarchiv München, Baupläne Viechtach, Nr. 7965). Hier eine Aufnahme aus der „Photographischen Anstalt" Wocheslanders – die Dame ist leider unbekannt. Auf der Rückseite war das Geschäftsemblem abgedruckt.

Eine weitere Aufnahme von Joseph Wocheslander um 1867: Der Witwer Anton Kilger (1826-1871) mit seinem Neffen Xaver Kilger (1864-1867). Anton Kilger stammte von der Bräustatt am Ring („Neue Post") und war zeitweilig Wirtschaftspächter im Haus seines Schwiegervaters (heute „Café Hinkofer").

In seinem 1888 eröffneten Atelier im Baumer-Haus am Marktplatz machte Jakob Schneider um 1890 diese Aufnahme. Die Familie auf dem Bild ist leider unbekannt.

Hochzeitsfoto des Photographen Johann Schwarz und Victoria geb. Mächtlinger, in seinem eigenen Atelier aufgenommen. Johann Schwarz stammte aus Vilshofen. Er arbeitete zunächst in seiner Heimatstadt, später in Eggenfelden und Osterhofen, außerdem war er als Wanderphotograph tätig. Wohl seit seiner Heirat, spätestens aber seit 1900, lebte er in Viechtach. 1909 erwarb er ein Haus in der Linprunstraße. Nach seinem Tod führte die Witwe das Atelier weiter.

Die transportable, zusammenklappbare Kamera mit Holzgehäuse wurde wohl besonders für Wanderphotographen angefertigt, ein Hinweis auf den Hersteller ist nicht vorhanden. Sie ist noch heute im Besitz der Nachkommen von Johann Schwarz in Viechtach. Rechts das Emblem von Johann Schwarz.

Auch den Viechtacher Buchbinder Anton Kratzer lichtete Johann Schwarz in seinem Atelier ab. Anton Kratzer hatte 15jährig nach dem Tod des Vaters das Buchbindergeschäft übernommen und eröffnete in seinem 1907 erworbenen Haus in der Linprunstraße auch noch eine Schreibwaren- und Buchhandlung.

1904 eröffnete Hans Amberger im hinteren Hof seines Elternhauses, dem „Schulbäckhaus“ in der oberen Spitalgasse, ein „Photographisches Atelier“. 1916 kaufte er das oben abgebildete Haus in der Friedhofstraße und verlegte nach ausführlichen Umbauarbeiten sein Atelier dorthin. Im Erdgeschoß befand sich der Verkaufsraum, im ersten Stock die Wohnräume und im zweiten Stock das großzügige Atelier. Nach seinem Tod führte die Schwiegertochter das Geschäft weiter.

Links der Fotograf Hans Amberger (†1947), rechts ein Blick in seine Arbeitsstätte. Die meisten alten Aufnahmen von Viechtach sind Hans Amberger zu verdanken.

Der Spenglermeister Hans Prüglmeier machte in seiner Freizeit viele Aufnahmen, vor allem als Vorlagen für Postkarten. Diese Aufnahme zeigt ein Selbstporträt: Mit einer Plattenkamera fotografierte er sich im Spiegel.

Der Schwalstein am Regen. Unten links auf der Postkarte die Initialen von Hans Prüglmeier, der diese Aufnahme machte.

Ludwig Grotz und seine Frau Katharina, geb. Wühr, aus Rehberg, mit ihrer Tochter Therese (*1908, verh. Hochhuber). Er war Pächter des sogenannten „Grotz-Keller". 1906 meldete er noch ein weiteres Gewerbe an: „Photograph. Nur Aufnahmen kleiner photographischer Bilder möglich, weil nur kleinen Apparat besitzet." Er fotografierte unter anderem alle Häuser am Anger.

Im „Grotz-Keller" (Zur Wacht). Von links vorne: Jakob Haimerl, Anton Fuhrmann jun., Georg Blüml. Hinten links stehend die Wirtin Katharina Grotz, rechts stehend der Wirt und Fotograf Ludwig Grotz, ganz rechts mit der „Quetschn" der Sohn Alois Grotz, der sich später nach Kollnburg verheiratete.

Die Brauereien und Gasthöfe gehörten zu den bei der Marktgründung festgelegten Gewerben. Brauerei und Gasthof Kreutzberg werden in der Baumhölzl-Chronik als ältestes Gebäude Viechtachs beschrieben. Der Gebäudekomplex bestand aus der Gastwirtschaft, der Mälzerei und dem Sudhaus. Mit dem zweirädrigen Karren im Vordergrund wurden die Bierfässer im Hofbereich befördert. Im Hintergrund sind Lagerfässer und ein Gärbottich. Aufnahme um 1890.

Der Diplombraumeister Josef Spitzenberger (1884-1935) vom Kreutzberg untersucht die Qualität der Braugerste. Er war später Braumeister in Karlsruhe, dann Brauereidirektor in Hannover. Die Brauerei Kreutzberg übernahm sein Bruder Carl.

Eine der beiden ältesten Brauereien Viechtachs ist die heutige Gesellschaftsbrauerei, die schon vor 1532 als „Weißes Bräuhaus“ bestand. 1894 erfolgte der Zusammenschluß mit dem Kommunbräuhaus, 1922 wurde die Gesellschaftsbrauerei Viechtach GmbH gegründet. Wohl anläßlich des fünften Jahrestages der Gründung entstand 1927 dieses Bild. Die beiden liegenden Männer vorne sind unbekannt, auf dem Stuhl der Brauer Johann Altmann. Dahinter, von links, Xaver Wagner, Johann Kuffner, Albert Christl, Braumeister Heinrich Schuster, Buchhalter Biebl, Hans Kraus, August Pritzl sen., der die Wasserinstallationen durchführte, Bindermeister Peter Heigl. Die beiden Buben oben sind links Georg Kraus (Dischinger) und rechts August Pritzl jun.

Seit 1871 befindet sich in der Mönchshofstraße, wo einmal das Amthaus stand, eine Gastwirtschaft und Metzgerei. 1883 übernahm ein Besitzer namens Iglhaut das Haus, seit 1909 heißt die Besitzerfamilie Müller. Der Hausname Iglhaut erhielt sich jedoch. 1912 wurde das Haus neu erbaut, die Aufnahme entstand 1914.

Die „Alte Post", das ehemalige Oberalteicher Klosterhaus. Von 1816 bis etwa 1876 befand sich hier die Posthalterei. 1955 erwarb die Sparkasse das Gebäude. Im Hintergrund rechts ist die „Neue Post" zu sehen.

Vor 1920 muß diese Aufnahme in der Gaststube der „Alten Post" entstanden sein. Hinten stehend, von links: Fanny Gruber, Katharina Müller, Josef Müller, Josef Rötzer, Otto Stögmeier. Vorne, von links, Kooperator Rheinwald mit dem Mädchen Bertl Müller, Georg Dinkel, Albert Haimerl, Paula Altmann, unbekannt, Therese Lankes, Fanny Rötzer, Anni Eid, stehend Anni Müller.

„Die Zünftigen". Jedes Gasthaus hatte seinen Stammtisch. Wo diese Aufnahme entstand, ist allerdings unklar. Vorne, von links, Franz Amberger (Greinerbräu), Albert Biermeier (Bäcker), Erhard Reitmeier. Zweite Reihe: N. Bielmeier, der Cafébesitzer Albert Klingseisen, der Schaffner Hans Christl, Karl Fendl und der spätere Fuhrunternehmer Josef Preiß. Hinten der Zugführer Hans Traimer, Karl Dietzweg, Sepp Vogl, Karl Zankl. Aufnahme vermutlich um 1939.

Auch der „Schulbäck" am oberen Ende der Spitalgasse war eine alte, 1698 zum ersten Mal erwähnte Bäckerei. Heute ist dieses Haus mit seinem spätgotischen Türbogen eines der ältesten noch erhaltenen Gebäude der Stadt. An der rechten Hausseite befindet sich ein Steinmännchen in der Mauer. In der Tür lehnt der „Bäcker-Nofi" Amberger, im Stuhl sitzt der jüdische Krämer Gustav Schwarz, der hier mit seiner Schwägerin den Laden betrieb. Die Aufnahme machte Hans Amberger, der damals hier noch sein Atelier hatte, um 1915.

Drei angehende Bäcker, links Max Grotz (1900-1952), stehend Ferdinand Lorenz, Aufnahme von Hans Amberger.

Der Bäckermeister Max Grotz in seiner Bäckerei in der Ringstraße vor dem neuen Dampfbackofen, den zwei Bäckergehilfen bedienen – in der Fußgrube Max Penzkofer, hinter ihm Sepp Penzkofer, beide Blossersberg. Neben Grotz seine Ehefrau Josefa, um 1930.

Ein Stier mit Augenblende wird von N. Hauner am Nasenring zum Schlachten geführt. Daneben von links Metzger Ludwig Fritz und Metzger Georg Trellinger. Hinten Gäste des Gasthauses Schierlitz am Marktplatz, rechts die Metzgermeistersgattin Lina Fendl.

Metzgerball am 8.1.1921. Vordere Reihe von links: 1. Maria Niedermeier, 2. Adalbert Fritz, 3. Emma Röckl, 4. Georg Zankl, 5. Anna Wölfl, 6. Hans Fendl, 7. Mathilde Steinbauer, 8. Josef Ebner. Mittlere Reihe: 1. Anni Schießl, 3. Maria Saller, 4. Alois Peter („Popperl"), 5. Ottilie Fendl, 7. Hermine Beutmüller (verh. Popp), 8. Max Fendl. Hintere Reihe: 1. Maria Bayer, 2. N. Fuihl, 5. Maria Hofmann, 6. Anton Bielmeier, 7. Fanny Rötzer, 8. Josef „Peter" Fendl.

Der „Uller-Metzger“ Anton Fendl und seine Frau Karolina, geb. Trellinger, vor ihrem Laden am Marktplatz, um 1930. Laut der Preistafel im Schaufenster kostete das Pfund Rindfleisch 90 Pf. Das Metzgerehepaar eröffnete 1934 in seinem Haus auch die „Viechtacher Lichtspiele“.

Eines der ältesten Gewerbe, die Fischerei, übte Georg Lankes (†1974 mit 86 Jahren) aus. Sein ganzes Berufsleben lang führte er Buch über die von ihm im Regen gefangenen Fische: Hechte, Huchen, Äschen, Barben, Brachsen, Näslinge, Eiteln, Forellen, Karpfen, Renken, Rotaugen, Weißfische, Schleien, Aale. Hier ist er mit dem „Gschirrhauer“ Amberger aus Blossersberg, ausgerüstet mit Stechgabeln und beleuchtet von einem Kienkorb, beim Nachtfischen zu sehen. Georg Lankes war auch Flößer. Diese Art des Holztransports machte der Bau des Höllensteinkraftwerks 1925 unmöglich.

Der letzte Viechtacher Weißgerber Anton Fuhrmann. Die Familie Fuhrmann übte über dreihundert Jahre in der Eisenbarthstraße ihr Gewerbe aus. Die Tierhäute wurden mit Alaun gegerbt und zum Trocknen über den Gartenzaun gehängt. Nachdem sie mit Sägespänen eingerieben worden waren, klopfte Fuhrmann die Felle mit dem Stecken, um sie geschmeidig zu machen und den Rest der zum Gerben verwendeten Stoffe herauszuschlagen. Aufnahme um 1930.

Die Lederfabrik Kilger ist aus einem alten Rotgerberanwesen am Kandlbach entstanden. Links Arbeiter am Gerberbaum, wo die Tierhäute in einem der vielen Arbeitsgänge von Fleischresten befreit werden. Rechts der Maschinist Hans Bielmeier am Dampfkessel. Jeden Morgen um 7 Uhr verkündete er mit dem beim Dampfablassen entstehenden hohen Pfeifton den Arbeitsbeginn und weckte die Viechtacher, die noch schliefen. Beide Aufnahmen um 1950.

Sattlermeister Josef Baur vor seinem Haus in der Linprunstraße mit zwei von ihm angefertigten Pferdekummeten. Zaumzeuge und Kummete wurden oft „auf der Stör", also vor Ort bei den Bauern, hergestellt, ebenso wie Matratzen und Kanapees. Aufnahme nach 1950.

Zwei Zugochsen im Geschirr. Auch für die Anfertigung der Geschirre einschließlich des „Hirnblattls" war der Sattler zuständig.

Ein Blick in die Schusterwerkstatt von Mathias Blüml in der Waldschmidtstraße. Von links: Ein Unbekannter, Georg Blüml, Alois Kuffner, Karl Blüml, rechts die Meisterin Thekla Blüml mit dem Einschreibbuch, um 1915.

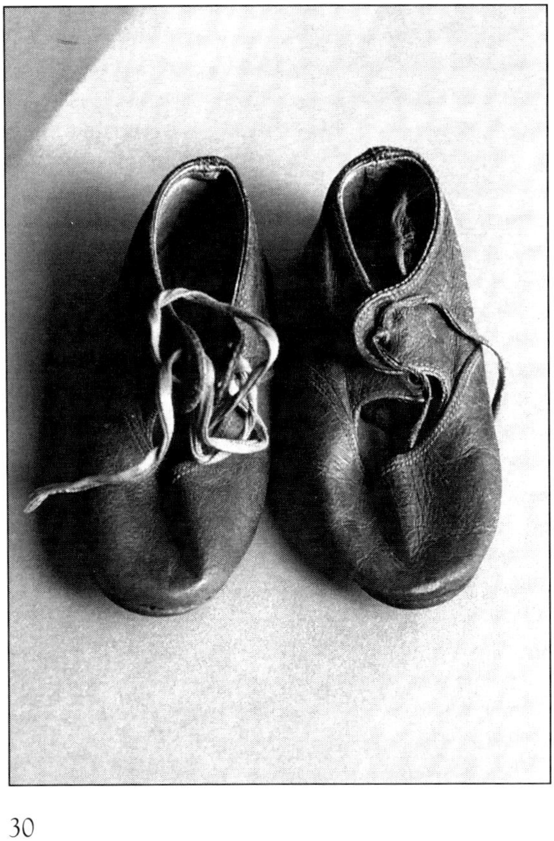

In Viechtach angefertigte Kinderschuhe für ein 1892 geborenes Kind. Ende des 19. Jahrhunderts konnten die Viechtacher Schuhmacher bereits industriell vorgefertigte Schuhteile wie Sohlenleder, Stiefelschäfte, Lackkappen usw. bei dem Viechtacher Lederer Anton Kilger beziehen.

Noch um 1950 saß Max Engl in der Viechtacher Schneiderei Muhr im „Schneidersitz", wenn er ein Futter anstaffierte oder eine Roßhaareinlage pikierte. Von links: Max Engl, J. Bielmeier und ein Unbekannter.

Zuschneidekurs für Schneidermeister zum Erlernen der neuesten Modetrends im Jahre 1928. Hinten von links: 1. Josef Muhr, 3. Josef Mathes, 4. Josef Müller, 7. Jakob Haimerl. Sitzend (v.l.): 2. Resi Penzkofer verh. Eberhard, 4. Monika Reil verh. Pinzl, 6. Kathi Ebner.

Junge Frauen als Teilnehmerinnen eines Häkelkurses, Aufnahme aus dem Atelier Amberger in Viechtach. Bekannt sind nur mehr: sitzend, 2. v. li. Franziska Kraus aus Reichsdorf (verh. Steinbauer, Steinbäuerin in Schlatzendorf) und sitzend, 4. v. li. ihre Schwester Anna Kraus (verh. Peter, Huisbäuerin in Viechtach).

Ein Beispiel für meist von Frauen ausgeübte Hausgewerbe sind diese Viechtacher Täschchenstrickerinnen, die im Auftrag einer Agentur arbeiteten, von links Kreszenz Muhr (verh. Ramsauer, Lam), Rosa Kilger (genannt „Brem Rosa"), Zenta Wanninger (verh. Schultheiß), Julie Fischl (verh. Bals) und eine Unbekannte. Aufnahme vor 1920.

Herders Konversationslexikon 1904: „Bader [...] der neben der körperlichen Reinigung der Badenden auch das Bart- u. Haarschneiden besorgte; approbierter Bader, heute ein Mann mit Berechtigung zum Rasieren, Frisieren u. zu niedern Heildiensten. [...] Ende des 18. Jahrh. mit den Barbieren zu einem Stand vereinigt." Anton Hausmann konnte man noch als einen solchen Bader bezeichnen. Hier ist er (ganz links) in seinem Salon beim Haareschneiden. Daneben Kunden, zwei Gehilfen und Hausmanns Familienangehörige, vor 1920.

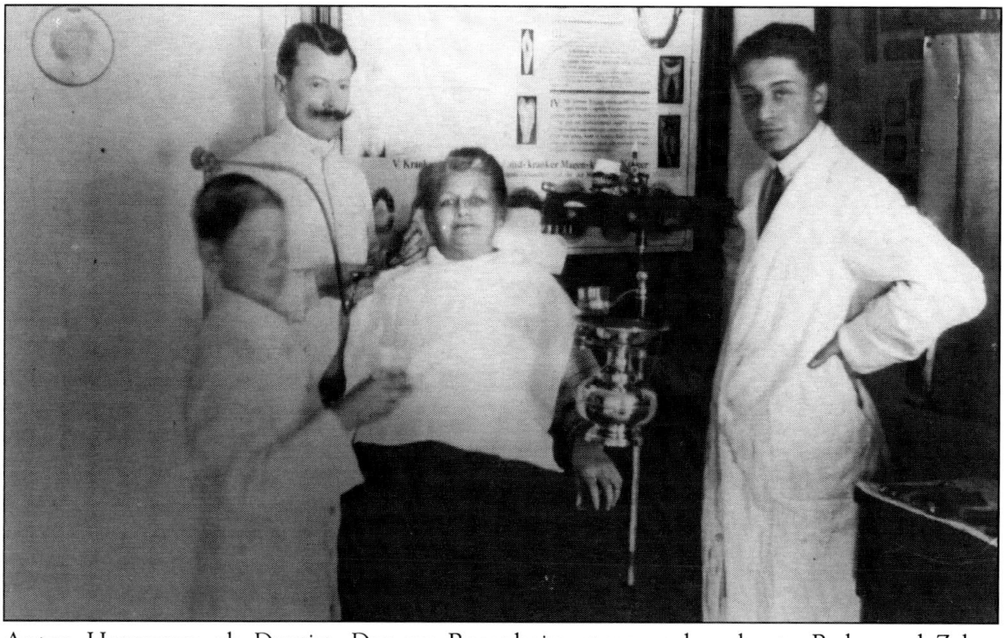

Anton Hausmann als Dentist. Der aus Rosenheim stammende gelernte Bader und Zahntechniker meldete 1908 in Viechtach sein Gewerbe an. Ab 1931 übte er es in der Mönchshofstraße aus. 1953 verstarb er.

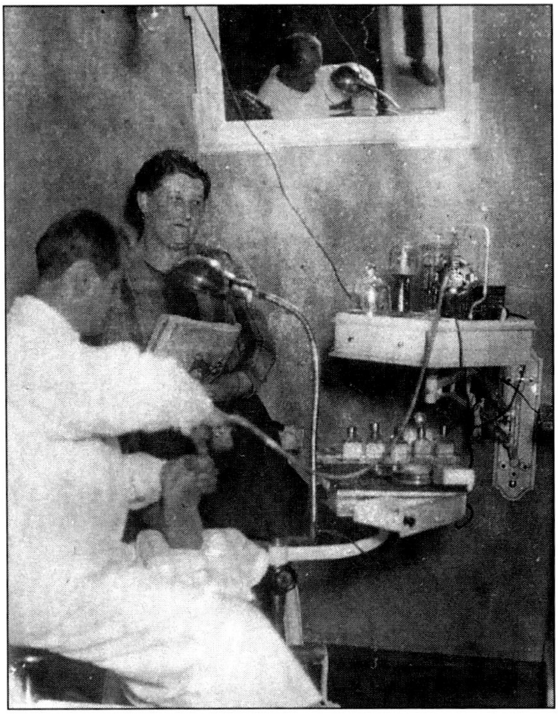

Eine weitere Aufgabe des Baders war die Fußpflege, die hier Anton Baumer an seiner Frau Anna vornimmt. Der approbierte Bader und Friseurmeister hatte 1922 von seinem Vater Xaver das „Bader-Baumer-Haus“ am Marktplatz übernommen, Aufnahme in den 1930er Jahren.

In dem 1912 erworbenen Mesnerhaus, heute Mönchshofstraße Nr. 7, gründete Anton Niedermayer eine Bau- und Möbelschreinerei. In der Werkstatt (v. li.): Schreinermeister Anton Niedermayer, Lehrling Schuster Sepp (als Geselle fiel er bei der Aufstellung der Kirchenfiguren von der Leiter und gelobte daraufhin, ins Kloster zu gehen, starb im Zweiten Weltkrieg), Alois Grotz (sein Vater Ludwig Grotz dürfte die Aufnahme gemacht haben), ein Geselle, Alois Rankl aus Großenau (später „Hausl“ am Kreutzberg), ein Lehrling, Hinkbauer Michl vom Hinkhof. Die Kinder vorne sind Anton und Max Niedermayer.

1894 kaufte August Kilger die Schreinerei am Marktplatz. Die um 1910 gemachte Aufnahme zeigt in der Mitte den Schreinermeister mit vier Lehrjungen und Gesellen (ganz links ein Fendl, ganz rechts Alfred Weinberger). Kilgers Ehefrau Rosa betrieb den Laden mit vielerlei Devotionalien.

Zimmerleute am Bau: Das ehemalige Gasthaus „Alte Post“ wurde 1955 von der Sparkasse erworben und nach dem Abriß neu gebaut. Im Hintergrund der Viechtacher Kirchturm. Hans Müller aus Angern, Vorarbeiter Alfons Bauernfeind aus Blossersberg, Josef Müller aus Angern, Hans Schreiner aus Plöß (von links).

Der Bürstenbinder Xaver Wengermayer (*1876 in Regen, †1950 in Viechtach) war seit 1898 mit seinem Gewerbe in Viechtach angemeldet. Er verkaufte seine Erzeugnisse – von der Schuhbürste über den Maurerpinsel bis zum Schrubber – in seinem Laden in der Mussinanstraße und belieferte das Gewerbe im Umland. Ein guter Abnehmer war die Gesellschaftsbrauerei, für die er Faßbürsten, Flaschenbürsten etc. lieferte. Für Wurzelbürsten wurden spezielle Wurzeln verwendet, für Besen Roßhaar, für Schuhbürsten Kuhschwänze. Von Pinselfabrikanten kaufte Wengermayer auch Pinsel zum Weiterverkauf.

Die Hufschmiede-Innung Viechtach. Von links vorne: Leopold Zelzer, Arnbruck, Xaver Stoiber, Viechtach, Xaver Fischer, Thalersdorf. Zweite Reihe: Josef Stöger, Wettzell, Lorenz Trum, Unterried, Karl Stern, Teisnach, unbekannt, Gewerberat Huber, Metten, Michael Dorfner, Viechtach, Josef Ramsauer, Ruhmannsfelden, Michael Bergbauer, Bühling, Georg Käsbeitzer, Ruhmannsfelden. Dritte Reihe (v.l.): Alois Knott, Viechtach, Josef Zahlauer, Gotteszell, unbekannt, Albert Fronhofer, Hammer Viechtach, Johann Jakob, Allersdorf, Josef Wühr, Ruhmannsfelden, Johann Hecht, Fernsdorf, Johann Oberberger, Kollnburg, Josef Stadler, Böbrach. Hinten: Johann Loibl, Schmiedaitnach, Franz Xaver Meier, Altnußberg, Michael Ebner, Achslach, Johann Holzapfel, Kollnburg, Josef Wenzel, Drachselsried, Josef Alt, Viechtach, Johann Kerscher, Moosbach. (Aufnahme vor 1930 von Hans Amberger)

Diese Steintafel an einem Haus in der Mönchshofstraße (heute Apotheke) ist heute noch zu sehen. Die Jahreszahl 1664 weist wohl auf einen Umbau des Hauses hin, das Hufeisen mit den drei Nägeln symbolisiert das Schmiedehandwerk. Unten links sind typische Werkzeuge dieser Zunft, eine Hufraspel und eine Hufzange, dargestellt. Die Initialen GW verweisen auf den Schmied Georg Walnbauer, der hier im 17. Jahrhundert ansässig war.

Der Nagelschmied Röckl in der Ringstraße. Aus dem Buch „Waldeszauber" von Otto Hartmann (S. 344): „...Nagelschmied Karl Röckl [...] war zuletzt der einzige Nagelschmied Niederbayerns. In früheren Jahren schmiedete er pro Tag 3000 Stück Schuhnägel. Früh 4 Uhr begann er sein Handwerk, das er mit kleiner Eßpause bis abends 7 Uhr fortsetzte. Im Alter von 79 Jahren arbeitete er noch mehr als 8 Stunden." (Aufnahme K. Frank, München, vor 1926)

Messerschmiedewerkstatt in der Regerstraße: Max (links) und Fritz Bayer. Die Rohlinge wurden aus Fabriken bezogen und hier zu Messern verschiedener Art weiterverarbeitet. Otto Hartmann beschreibt im „Waldeszauber" (S. 344) auch „die Arbeitsstätte dieses Messerfabrikanten, in der der Meister mit seinen drei Söhnen arbeitet." (Aufnahme K. Frank, München, vor 1926)

Der Scherenschleifer macht Station vor dem Viechtacher Marktbrunnen, der 1799 in dieser Form hergestellt wurde. Scherenschleifer zogen von Ort zu Ort, um an dem fußbetriebenen Schleifrad stumpfgewordene Messer, Scheren etc. wieder gebrauchsfähig zu machen. Für ihre Dienste unentbehrlich war neben dem Wasser zum Benetzen des Schleifrades ein gewandtes Mundwerk zum Anpreisen ihrer Dienste („der redet wie ein Scherenschleifer"). Begutachtet wird seine Arbeit gerade von einem Kunden.

Links ein Türbeschlag, den der Viechtacher Schlosser Mathias Kreutter, ansässig in der heutigen Linprunstraße, zwischen 1756 und 1762 für die neuerbaute Viechtacher Kirche machte. Rechts ein schmiedeeiserner Leuchter, angefertigt von Kupferschmied Georg Schießl (1867-1945).

1764 ließ sich der erste Zinngießer in Viechtach nieder. Joseph Ambrosio stammte aus dem Herzogtum Mailand. Er wirkte 36 Jahre lang in Viechtach, schuf Teller, Schüsseln, Kannen, Löffel, Salzbüchsen und Weihwasserkessel. Viele seiner Erzeugnisse punzierte er mit seinem Zeichen J.A. Als ab 1801 sein Schwiegersohn Joseph Auzinger das Gewerbe fortführte, blieben die Initialen gleich: J.A. unter einem Bäumchen (links). Der Sohn Joseph Auzinger II. erwarb 1829 das Zinngießerrecht und bildete in dem Markenzeichen außerdem eine Fichte ab, das Marktwappen Viechtachs (rechts).

Links eine Uhr aus der Werkstatt des Joseph Mang. Er übernahm 1844 von seinem Vater, dem Uhrmacher Michael Mang, gebürtig im schwäbischen Göggingen, das Gewerbe. Auch er verwendete als Markenzeichen seine Initialen und das Marktwappen. Rechts ein silbernes Mieder-„Haftl" gefertigt von Goldschmied Georg Winter (1812-1886).

Der Seiler Max Saller (†1986) erlernte seinen Beruf in der Regensburger Seilerei Seibold. Im Haus in der Linprunstraße arbeitete er zusammen mit seinem Vater, von dem er 1941 den Handwerksbetrieb übernahm. Hergestellt wurden Seile und Stricke aller Art, früher aus Hanf, später aus Jute: Heuseile, Aufzugsseile, Glockenseile, Gerüststricke, Peitschen, Einkaufs- und Fischernetze.

Karl Gareis (1906-1974) mit zwei Helferinnen in seiner Apotheke am Stadtplatz. 1806 war die Apotheke von Johann Baptist Bartl in der Mussinanstraße gegründet worden, sein Schwiegersohn Max Gareis, der Großvater von Karl, verlegte sie 1886 in das Haus am Marktplatz.

„Josef Krah, Motorräder, Feinmechanik" gegenüber dem Kreutzberg. Meister Josef Krah (sitzend) mit Walter Müller, Kurt Hübner, einem Vertreter, Johann Lex (Prackenbach), Gottfried Schwarzer (Rudi Schwarz). Aufnahme aus den 1950er-Jahren.

Eine Fuhre Mehl kommt am Rathausladen des Lorenz Obermeier an. Vor dem Wagen Lorenz Obermeier (1877-1956). Er war Obermüller in der Schmausmühle, seine erste Frau Babette, geb. Baumer, führte den Laden. An der Hand seine Tochter Mechthild (1909-1990, verh. Bauernfeind). Das Gespann gehörte Xaver Obermeier aus Ruhmannsfelden, Aufnahme um 1913.

Albert Hartl, Gehilfe in der Gärtnerei Amberger, im Gewächshaus mit dort gezüchteten Blumen, in den 1920er Jahren.

Eine der ersten Standlfrauen am Marktplatz war Rosa Kilger, genannt Brem Rosa. Hier bietet sie mit ihrer Helferin Martha Skawran (links) vor ihrem Elternhaus Äpfel, Zwetschgen, Gurken und Kraut an. Ihr Laden befand sich in der Schießlstraße (Aufnahme Gareis, um 1950).

Tiere gehörten früher zum Stadtbild von Viechtach. Hier der Ochsenmarkt, vor 1906. Ab 1833 wurden Viehmärkte nicht mehr sonn- oder feiertags, sondern am darauffolgenden Montag abgehalten. Aus einer Liste von 1841: Lichtmeßmarkt am dritten Montag im Januar, drei Fastenmärkte, Ostermarkt, Kreuzmarkt am Montag in der Kreuzwoche, Sensenmarkt am Montag nach Fronleichnam, Jakobimarkt am dritten Montag im Juli, Augustinimarkt am Montag nach dem Schutzengelfest, Kaltenmarkt am dritten Montag im Oktober und Weihnachtsmarkt.

# 3

# Kulturelles Leben

Der Metzger und Hobbymaler J. Greiner, er selbst bezeichnete sich als „Charcutier", malte 1893 diese Ansicht von Viechtach.

Eine weitere Ansicht von Viechtach am Regen, gemalt von Leo Schultz. 1905 meldete er in Viechtach sein Gewerbe als Maler und Vergolder an, 1906 ließ er sich auch noch als Musiker registrieren. Schultz betrieb in Viechtach eine Farbenhandlung.

Leo Schultz als Musiker mit seiner Posaune. Er spielte noch weitere Instrumente und betrieb die Musik auch professionell.

Hausmusik um 1910: Ein Streichquartett, bestehend aus, von links, Lehrer Bräu, Franz Eid, Anton Sporer, Elisabeth Schmid, verh. Spitzenberger.

Eine bekannte Viechtacher Volksmusikgruppe, um 1933, bestehend aus, von links, dem Schneider Albert Heimerl, dem Drechsler Toni Niedermayer, dem Friseur Heinrich Fuhrmann, dem Gemeindebeamten Michael Wölfl und Toni Maidl, beschäftigt bei der BayWa.

Karl Gareis (1906-1974) in seinem Musikzimmer. Der Apotheker war lange Zeit Viechtacher Bürgermeister (1937-1945 und 1956-1966), Initiator so mancher Hausmusikgruppe und selbst begeisterter Geiger.

Die Eisenbarth-Festspiele, von Karl Gareis initiiert und verfaßt, wurden 1935, 1936 und 1937 sowie nach dem Krieg 1958 und 1959 aufgeführt. Dr. Eisenbarth stammte aber nicht aus Viechtach, sondern aus Oberviechtach. Die Spiele wurden schließlich eingestellt.

# 4

# Weltliches und Kirchliches

Der 1887 gegründete Turnverein Viechtach feierte 1890 seine Fahnenweihe. Oben, von links: 1. Rosa Klingseisen, verh. Kasparbauer, 4. Mathilde Fronhofer, verh. Klingseisen. Mittlere Reihe: 3. Therese Fronhofer, verh. Kilger, 4. Marie Schmaus, 5. Franz Niedermeier, 6. Fahnenmutter Marie Schmid, 7. Marie Kilger, verh. Festerl, 8. Katharina Kilger, 9. Babette Klingseisen, verh. Kilger, 10. Katharina Schmaus, verh. Schub. Vorne: 2. Albert Klingseisen, 3. Alois Fronhofer, 4. Fidel Schub, 5. Josef Kilger, 6. Hans Klingseisen, 7. Josef Rötzer. Bei der Gründung 1887 war folgender Vorstand gewählt worden: Vorstand Fidel Schub, Schriftführer Anton Lankes, Säckelwart Xaver Plötz, Turnwart Valentin Martin.

Viele Fotos belegen die mannigfaltigen Aktivitäten des Viechtacher Turnvereins. Diese Aufnahme vom 8.2.1914 zeigt den „Elektrischen Keulenreigen der Damenriege“. Hinten von links: Karolina Schub, verh. Fendl, Therese Amberger, verh. Weinberger, Wally Sporer, Georg Winter, Therese Steer, verh. Schultz, Elisabeth Schmid, verh. Spitzenberger, Karolina Winter, verh. Treimer. Vorne N. Sporer, unbekannt, Anna Sporer, verh. Wenk, zwei Unbekannte, Leni Schmid.

1920 beschloß der Turnverein die Gründung einer Skiabteilung. 1929 wurde erstmals eine Ski-Riege aufgestellt. Die Startnummern: 1. Michael Popp, 3. Hans Rieger, 4. Georg Espach, 5. Max Espach, 6. Xaver Treimer, 7. Karl Ostermeier, 8. (verdeckt) Josef Müller, 9. Hans Gürtler, 10. Sepp Treimer, 11. Hans Treimer, 12. Ludwig Kilger, 13. Karl Hausmann, 14. Sepp Kastl. Die Wintersportler, ab 1936 als selbständige Skiabteilung vertreten – Abteilungsführer Josef Müller, Stellvertreter Fritz Silbernagel, Kassier Josef Kilger, Frauenvertreterin Bärbl Vogl –, lösten 1938 die letzte Verbindung mit dem Turnverein und gründeten den Wintersportverein Viechtach.

1935 wurde – laut Chronik mit einem Kassenbestand von 39 Pfennigen – die Errichtung einer Skihütte auf dem Pröller beschlossen. Dazu holte man vom Skiclub Tölz die Erlaubnis ein, die Hütte nach dem Tölzer Vorbild zu bauen. Die Baukosten, die laut Planzeichner Bauernfeind aus Pirka auf 1300 RM veranschlagt wurden, versuchte man durch eine Sammlung heranzuschaffen, die 600 RM einbrachte. Günstige oder unentgeltliche Materialien und Arbeitszeit stellten Schub (Eisen, Kalk), Peter (Lastauto), Niedermayer (Schreinerei) sowie die Maurer Alois und Xaver Vogl aus Irlseign zur Verfügung. Die Regentalbahn stellte drei Zimmerer für den Dachstuhl ab. Am 13./14.2.1937 wurde die Skihütte feierlich eingeweiht. In den folgenden Jahren herrschte reger Hüttenbetrieb.

Der Viechtacher Fußballverein wurde als „SpVgg“ gegründet, der spätere Name 1. FC 1919 läßt darauf schließen, daß dies im Jahre 1919 geschah. Sämtliche Unterlagen gingen im Verlauf des Zweiten Weltkriegs verloren. Der Fußballplatz befand sich zuerst auf dem heutigen Volksfestplatz. Auf dem Foto von der Begegnung Neukirchen – Viechtach am 4. April1926 sind in der hinteren Reihe, von links, noch bekannt: 3. Uhrmachermeister Georg Winter, 4. Kilger, 5. Bauernfeind, 6. Wölfl, 7. Albert Klingseisen, 9. Gottfried Bielmeier (?). Außerdem in der ersten Reihe sitzend (v. l.) 1. Alois Laumer, 2. „Hudax“, 5. Hans Krah.

Schützenvereine entwickelten sich oft aus den Bürgerwehren. Aus dem Jahr 1442 stammt der erste Hinweis auf eine Viechtacher Schützengilde. Die damals noch übliche Armbrust wurde im Lauf der Zeit durch die Kugelbüchse ersetzt. 1749 ist von einer „privilegierten Schützengesellschaft Viechtach" die Rede. Nach einer vorübergehenden Auflösung des Vereins wurde er 1826 wiedergegründet. 1856 spalteten sich die „Jungschützen" ab, mit denen aber 1894 die Wiedervereinigung zum „Königlich privilegierten Schützenverein Viechtach" gelang. Auf der Aufnahme von 1878 hinten von links Georg Schierlitz, Xaver Schmid, Hans Richter, Michael Baumgartner, unbekannt und Röhm, in der Mitte ein Unbekannter, Xaver Baumer, Josef Schmid, Hagl, Georg Schmaus, vorne Rauch, Entl, Max Graßl.

Färbermeister Anton Schmid (16.12.1817-12.8.1872) in Feuerwehruniform. Er war der erste Feuerwehrhauptmann. „Am 28. September (1863) wurde die freiwillige Feuerwehr constituirt und dotirt" (Baumhölzl-Chronik). Die auf 1870 angesetzte Fahnenweihe konnte wegen des Krieges erst am 25. Juli 1871 gehalten werden. Am 13. Mai desselben Jahres war eine „Saug- u. Druckfeuerlösch-Maschine" angeschafft worden.

Mitglieder der Viechtacher Feuerwehr nach der Verleihung des 1. Leistungsabzeichens am 6. Januar 1960, bei einer der ersten Leistungsprüfungen in Bayern. Hinten Josef Engl, Walter Eidenschink, Hans Greil, Xaver Völkl, Franz Wagner, vorne Xaver Jungbeck, Hermann Haas, Wolfgang Hundshammer.

Im Juli 1893 feierte der Krieger- und Veteranenverein sein 50jähriges Jubiläum. Erst nach dem Krieg 1870/71 gegen Frankreich wurde er aber wohl aktiv. Im „70er Krieg", dem auch in der Viechtacher Baumhölzl-Chronik haßerfüllte Hetzreden gegen die Franzosen vorausgingen, zogen 36 junge Viechtacher an die Front, drei von ihnen fielen. Zum 40. Jahrestag des Kriegsendes entstand diese Aufnahme. Vorne, von links: 2. Josef Maier. Zweite Reihe von links: 9. Kaspar Zankel. Hinten von links: 2. Herzog-Drechsler, 4. (unten) Carl Spitzenberger.

Auch vor dem Ersten Weltkrieg herrschte verhängnisvoller Nationalismus und Kriegsbegeisterung. Für diese Aufnahme vor dem „Thannerkeller" in Schlatzendorf wurden Viechtacher Buben als Soldaten verkleidet: „Jung Deutschland in Waffen 1914. Gruß aus Viechtach i.W." Der Fotograf Amberger markierte auf der Aufnahme seinen Sohn, den „Bubi", der im nächsten, dem Zweiten Weltkrieg, fiel.

Ganz Viechtach war anscheinend auf den Beinen, als zu Beginn des I. Weltkrieges die ersten Wehrpflichtigen verabschiedet wurden. Die Baumhölzl-Chronik etwa vermerkt für das Jahr 1914: „Am 2. November nachmittags zogen 30 – 40 Landsturmmänner II. Aufgebots, darunter u. A. Gerichtsvollzieher Winter, Rentamtsdiener Kumpf, Schneidermeister Johann Probst, Schneidermeister Georg Ebner, Spediteur Alois Peter, Schuhmachermeister J. Bielmeier, Baumwart Jos. Dietl, mehrere Bedienstete hies. Lokalbahn, Oekonom Reisinger von Blossersberg u.s.w. vom Marktplatz aus zum Bahnhof und zwar unter den Klängen der Wacht am Rhein. Mögen sie alle gesund und heil zurückkommen."

An Allerheiligen 1916 errichtete Franz Baumer im Viechtacher Friedhof dieses pompöse patriotische Mahnmal für die Viechtacher Gefallenen: „Für Ehre, Freiheit, Vaterland“.

Viechtacher Soldaten auf Heimaturlaub an Weihnachten 1915: Vorne (v.l.) 1. Preiß oder Schultheiß, 3. Xaver Niedermayer, in zweiter Reihe 1. N. Niedermayer, 3. Anton Fuhrmann, 4. vielleicht Arnold Schwarz (†), in dritter Reihe 1. Ambros Dinkel (†), 5. Alois Laumer, 6. Ludwig Fritz, hinten 2. Albert Christl, 4. Otto Weinberger. „In der Heimat ist es schön. Wer weis ob wir uns wiedersehn!“

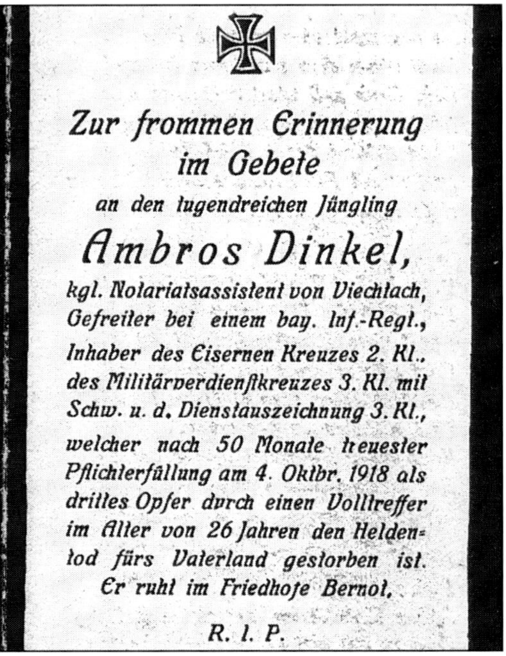

Zur frommen Erinnerung
im Gebete
an den tugendreichen Jüngling
Ambros Dinkel,
kgl. Notariatsassistent von Viechtach,
Gefreiter bei einem bay. Inf.-Regt.,
Inhaber des Eisernen Kreuzes 2. Kl.,
des Militärverdienstkreuzes 3. Kl. mit
Schw. u. d. Dienstauszeichnung 3. Kl.,
welcher nach 50 Monate treuester
Pflichterfüllung am 4. Oktbr. 1918 als
drittes Opfer durch einen Volltreffer
im Alter von 26 Jahren den Helden-
tod fürs Vaterland gestorben ist.
Er ruht im Friedhofe Bernot.

R. I. P.

Ambros Dinkel, auf der vorigen Aufnahme ganz oben links, war einer der Viechtacher, die nicht mehr aus dem Ersten Weltkrieg heimkehrten.

Etwa 16jährige Viechtacher Mitglieder des Spielmannszuges der Hitlerjugend, wohl um 1938. Durch enge Einbindung in die Jugendgruppen mit verschiedenen Sparten wurden auch in Viechtach Kinder und Jugendliche in die Nazi-Organisationen gelockt und massiver Propaganda ausgesetzt. 1941 stand in der Tageszeitung „Bayerische Ostmark“: „Am Montag den 3. und Dienstag den 4. Februar 1941 jeweils abends 8 Uhr kommt zur Erstaufführung im Lichtspielhaus Fendl in Viechtach der Film: „Der ewige Jude“. Versäume niemand diesen wichtigen Propagandafilm! Am Mittwoch läuft der Film für die deutsche Jugend, HJ und BDM.“

Zur Erinnerung im Gebete an

Toni Kraus

Uffz. R. O. B. in einem Gren.-Regt.

der am 6. November 1944 im Alter von 19 Jahren 9 Monaten im Osten den Heldentod fand.

Gebetsandenken an

Sepp Hartl

Leutnant in einem Inf.-Sturmbattl.

der am 22. Mai 1944 imAlter v. 21 Jahren bei Nettuno (Italien) für seine überalles geliebte Bayerwald-Heimat und seine Liebsten sein Leben gab.

Diese beiden Viechtacher, Toni Kraus vom „Dischinger“ und Sepp Hartl von der Bäckerei, waren zwei von vielen, die im Zweiten Weltkrieg in jugendlichem Alter einen sinnlosen Tod sterben mußten.

Am 28. September 1930 wurde das katholische Jugendheim in der Friedhofstraße eingeweiht, inzwischen längst abgerissen. Die verschiedenen Kinder- und Jugendgruppen hatten hier ihre Zusammenkünfte. Vorderste Reihe von links: 1. bis 4. unbekannt, 5. Maria Peter, 6. Frieda Liebl, 7. bis 9. unbekannt. Zweite Reihe: 1. und 2. unbekannt, 3. Elisabeth Weber, 4. Wurzer, 5. Annerl Hutter, 6. Fannerl Schlicht, 7. Berta Grotz, 8. Maria Lobmeier, 9. und 10. unbekannt, 11. Anna Peter. Dritte Reihe: 1. Koop. Anton Kilger, 2. Koop. Birkenseer, 3. Thekla Lobmeier, 4. Else (Haushälterin von Pfarrer Hof). Vierte Reihe: 1. Koop. Wolf, 2. Bahndirektor Fischl, 3. unbekannt. Hinterste Reihen: 1. Anton Niedermayer, 2. Pfarrer Hof, 3. Kilger (?), 4. Bürgermeister Josef Schmaus, 5. Georg Haas, 6. Alois Peter, 7. Bezirksamtmann Alois Altmann, 8. unbekannt, 9. Vorstand des Amtsgerichts, 10. ein Geistlicher, 11. Vermessungsdirektor Eichhorn.

Der 1860 gegründete „Katholische Gesellenverein“, um 1910. Vorne, von links: 1. Anton Baumer, 2. Karl Schedlbauer („Gassner Kare“), 3. Georg Haas, Schlosser. Zweite Reihe: 1. Koop. Freund, 2. Koop. Dr. Markstaller, 3. Pfarrer Hof, 4. Koop. Vogl, 5. Pfarrer Götz (Wiesing). Dritte Reihe: 1. Franz Baumer, 2. Peter Ludwik, Sattler, 3. Alois Laumer, 4. Linhardt (?), 5. und 6. unbekannt, 7. Josef Spitzenberger, 8. Josef Schaffer, 9. Anton Ludwik, Sattler, 10. Lankes, Fischer, 11. Josef Kilger, 12. Xaver Föderl, Krämer, 13. Anton Niedermayer, 14. Josef Pfeffer, 15. Xaver Plötz. Hinten: 1. Mathias Blüml, Schuster, 2. unbekannt, 3. Georg Greiner, 4. Xaver Plötz, 5. Georg „Nofi“ Amberger, Bäcker 6. Josef Peter („Huisbauer“).

Während des Nationalsozialismus war wie viele andere Vereine auch der Katholische Gesellenverein verboten. Nach dem Krieg wurden die alten Vereine wieder belebt. Die aus dem Gesellenverein hervorgegangene Viechtacher Kolpingfamilie unternimmt jedes Jahr eine Wallfahrt nach Schönau. Hinten, von links: Albert Goham, Georg Rösch, Max Engl, August Wanninger, Hans Greil, Willi Piller, Hans Fleischmann, Hans Schmid sen., Josef Reisinger, (verdeckt), Josef Vogl, Anton Ludwik, Josef Niedermayer, Hermann Baumgartner, August Paukner, Kaplan Siller, Hans Schmid jun., Matschi, Ferdinand Stern, Xaver Wittmann, Alois Lippl, Alois Müller, Max Wurzer, Fritz Haimerl, Paul Gräfe, Peter Neumohr, Michael Irlbeck, Erwin Kramheller. Vorne v. li.: Georg Göth, Alois Peter, Ludwig Schmid (?), Edi Kopp, Heinrich Fendl, Josef Wühr, unbekannt, Aufnahme 1964.

Eine Mädchenklasse, vielleicht von der Feiertagsschule. Hintere Reihe von links: 1. Bergbauer (Schnitzmühle), 2. Kreszenz Klement (Reichsdorf), 5. Kufner (Tresdorf). Zweite Reihe (v.l.): 2. Anna Graßl („Rauchfangkehrernandl"), 5. Therese Muhr, 6. Pfeffer (am Pfahl), 9. Kreszenz Wanninger (Kammeraitnach, Goglbauer), 10. Lehrerin Eimer (1912 in Viechtach belegt). Vordere Reihe (v. l.): 4. Ottilie Muhr.

Mädchen aus Viechtach und Umgebung, um 1937 auf der Treppe zum Pfarrhof. Die Mädchen sammelten Spenden für den „Kindheit-Jesu-Verein", die Aufnahme machte vermutlich der Kooperator. Oben, von links: Englmeier, Rosa Brem, Fanny Peter (Peterbauer, Tresdorf). Mitte: Philomena Kraus („Schwo-Huis", Reichsdorf), Fini Bauer, Maria Amberger, unbekannt. Vorne: Berta Menacher, Anna Weghofer, Rosa Brem, Anna Wanninger.

Die Kinder des Trachtenvereins „D' Waldler", gegründet 1905, Anfang der 1930er Jahre. Vorne von links: 1. Luise Braumandl, 2. Anton Kraus, 3. Willi Pfeffer, 4. Dietzweg, 5. (Kleinkind) unbekannt, 6. Georg Niedermayer, 7. Edi Pfeffer, 8. Maria Baur, 9. Hans Pfeffer, 10. Ottilie Wittmann. Hinten: 1. Maria Braumandl, 2. Rudi Kosina, 3. Cilly Kosina, 4. Sepp Zankl, 5.[Maria Zankl, 6. Hans Wittenzellner, 7. Sofie Bielmeier.

Der Liederkranz Viechtach, gegründet 1871, im Jahre 1929. Das Orchester von links: 1. unbekannt, 2. Fritz Heimerl, 3. unbekannt, 4. Helmbrecht, 5. eine Lehrerin, 6. Amann, 7. Alfons Rothdauscher, 8. Anton Sporer, 9. Anni Beutmüller, 10. Michael Wölfl, 11. Elisabeth Spitzenberger, 12. unbekannt. Die weiteren Mitwirkenden, 1. Reihe von links: 1. Mathilde Amberger, 2. Gretl Vogl, 3. Else Gareis, 4. Betti Hofmann, 5. Helga Götzfried, 6. Hanni Gareis, 7. Helma Weinmayer, 8. Helene Fronhofer, 9. Frieda Fronhofer? 2. Reihe: 1. Hilde Lemberger, 2. Herrmann Amberger, 3. Hedwig Gareis, 4. Lehrer Haberkorn, 5. Frl. Jungwirth, 6. Hedl Kilger, 7. Lehrer Weinmayer, 8. Lenchen Stögmeier, 9. unbekannt. 3. Reihe: 1. Lehrer Blattner, 2. Lisl Eggersdorfer, 3. unbekannt, 4. Lehrer Thirl (?), 5. Fränzi Ranzinger, 6. Schott, 7. unbekannt, 8. Michael Popp, 9. Cilli Wölfl, 10. Rosa Lankes, 11. ein Lehrer, 12. Martha Kunze. Hinterste Reihe: 1. Antonie Lackerbauer, 2. Josef Kilger, 3. Lina Amberger.

Die beiden Bilder aus dem Fotonachlaß Gareis sind nach 1907 entstanden. Sie zeigen eine Prozession, vermutlich zum Erntedankfest. Der Pfarrer mit der Monstranz unter dem von vier Männern getragenen „Himmel“ zieht am Rathaus vorbei in Richtung Kirche. Vorne die Mitglieder des Kirchenchors und die Ministranten.

Eine ebenfalls an der Prozession teilnehmende Gruppe von Schulmädchen, festlich in Weiß gekleidet mit Hüten oder Kränzchen. Sie werden von einer Lehrerin begleitet. Rechts im Bild eine der drei 1903 errichteten elektrischen Bogenlampen. Vor dem Gasthaus Schierlitz warten bereits die Ferkel in Körben und Kisten auf den Verkauf.

Einer der höchsten katholischen Festtage ist Fronleichnam (1311 allgemein eingeführt). Mit Prozessionen und Blumenaltären für die vier Evangelien wird der Festtag am Donnerstag nach dem Dreifaltigkeitsfest begangen. Die reich mit Blumen geschmückte Heilige Notburga mit der Sichel – Patronin der Mägde und Bauern – wurde von vier in Trachten gekleideten jungen Mädchen getragen, welche von vier kleinen Blumenmädchen begleitet wurden. Hinten von links: Fanny Fritz, verh. Semmler, Ebner, verh. Schlicht, unbekannt, Maria Fronhofer, Hammerschmied. Vorne, von links: Anna Kastl, verh. Anetzberger, Luise Eichenseer, Berta Müller, verh. Kilger, Maria Ludwik.

Fronleichnamsfest 1940. Vier weiß gekleidete Trägerinnen tragen die geschmückte Jesuskindstatue. Von links: Elisabeth Grotz, (verdeckt) Margarethe Bergbauer, Elisabeth Spitzenberger, (verdeckt) vermutlich Katharina Reitmeier. Sie werden von den beiden Blumenmädchen Rosa Maria Spitzenberger (links) und Dora Blüml begleitet.

# 5

# Freizeit

Eine der beliebtesten Freizeitbeschäftigungen im Sommer war das Baden: die Viechtacher Badeanstalt am Regen bei Großenau. Auf dem Bild ist die ursprüngliche Unterteilung in Herrenbad, Familienbad und Damenbad mit je einem Einstieg in den Fluß nicht mehr zu sehen. Nur das Damenbad, rechts, ist noch mit einer Bretterwand abgetrennt.

Im Damenbad um 1940, von links: Helma Wittenzellner, verh. Baur, dahinter unbekannt, Else Graup, verh. Reitmeier, Emma Peter, verh. Seitz, Traudl Wagner, dahinter ihre Schwester. Die Aufnahme machte Reserl Engl.

Auch an kalten Wintertagen bot der Regen Unterhaltung. Von den Viechtacher Bürgern beim Schlittschuhlaufen sind noch bekannt, von links: 8. Anni Stenzer, verh. Gleifenstein, 9. Frau Gareis, 11. Rosa Spitzenberger, verh. Riedl, 12. Fanny Kasparbauer, verh. Rawizza, 14. Josef Kilger.

Ein beliebtes und nahes Ausflugsziel für die Viechtacher war und ist der Große Pfahl. Links die Viechtacher Familie Gareis, rechts Verwandte von Frau Gareis. Aufnahme um 1915.

Eine leider unbekannte Skiwandererin vor dem Großen Pfahl bei Viechtach. Bereits um 1900 gab es hier einige Skipioniere, skifahrende Damen waren jedoch noch die Ausnahme.

Auf dem Motorrad posiert Hans Aschenbrenner, damals Lastwagenfahrer bei Fronhofer und später Busunternehmer, mit den Fronhofer-Kindern. Von links: Helene, verh. Laumer, Frieda, verh. Kunze und Siegfried. Die Aufnahme entstand in den späten 1920er Jahren.

Der Kaufmann Ludwig Fronhofer und seine Frau Anna, geb. Trellinger, in den 1930er Jahren in der Kur in Marienbad.

# 6

# Ländliches Viechtach

In den 1930er Jahren entstand diese Aufnahme vom Viechtacher Marktplatz. Vor dem Brunnen verkauft Rosa Kilger ihr Gemüse. Nur ein Pferdefuhrwerk, das mit Birkenstämmchen und Seilen befestigtes Laub transportiert, ein Ochsenfuhrwerk und ein Fahrradfahrer sind auf der Straße unterwegs.

Auch in Viechtach selbst wurde – oft als Zusatzverdienst neben dem Handwerk – Landwirtschaft betrieben. Landwirtschaftliche Arbeiter der Brauerei Kreutzberg machen Brotzeit beim Kartoffelklauben, von links : 4. Lippl, 5. Xaver Kraus. In der großen Stitze befand sich Bier.

Auf der Wacht um 1940, auf einem Feld der Brauerei Kreutzberg nach der Getreideernte, von links: Anni Muhr, Frieda Kraus, Xaver Lippl, Rosl Schürzinger, Wolfgang Lippl, zwei Mädchen aus dem Viechtacher Arbeitsdienstlager, die zur Erntearbeit eingesetzt wurden, verdeckt, Georg Zankl, Xaver Kraus.

Heuernte des „Paradies"-Wirtes im Kriegsjahr 1941. Die Nachbarstochter Käthl Böhmerl im Badeanzug hilft – sie führte später den Lebensmittelladen ihrer Eltern im Kandlbach. Rechts eine Wirtstochter.

Ein von einer Kuh oder einem Ochsen gezogenes „Gäuwagerl" vor dem Hartlbäck-Nebenhaus in der heutigen Mussinanstraße. Links ist die Beschlagbruck des Hammerschmieds zu sehen, im Hintergrund das Altersheim oberhalb des heutigen Kindergartens.

Schülerinnen der Viechtacher Landwirtschaftsschule um 1950. Hinten von links: Fanny Huber, Frahels, Pauline Fischl („Aumüllner"), Blossersberg, Alma Kollmer, Brennersried, Fanny Hartl, Stein, Maria Bielmeier, Pirka, Rosa Loibl, Baierweg, Anneliese Ochsenbauer, Blossersberg, Rosa Schießl, Eschlkam, Katharina Müller, Pirka, Mühlbauer, Rosa Schmid, Reichsdorf. Vorne: Maria Brunner, Leckern, Anni Vogl, Schwalbenhof, Anna Wittmann, Hinterberg.

„Kornmandln" in Blossersberg bilden den Vordergrund zu diesem Blick auf Viechtach. Die Postkarte aus der „Sommerfrische Viechtach" wurde am 31. September 1938 abgestempelt.

# 7

# Viechtacher Umland

Maria Engl, verh. Wittmann, die Tochter des Aumüllners an der B 85, beim Grasmähen mit der Sense. Aufnahme in den 1960er Jahren.

Der Aumüllner in Viechtach Mitte der 50er Jahre beim Getreidesäen. Nach dem II. Weltkrieg setzten sich Maschinen in der Landwirtschaft rasch durch. Den „Lanz"-Geräteträger lenkt Josef Engl jun., auf der Sämaschine sitzen Josef Engl sen. (rechts) und ein Flüchtlingsbub.

Der „Fischerlenz", Landwirt Franz Xaver Wittmann aus Blossersberg (*1896), und seine Ehefrau Therese, geb. Hundshammer (*1898). Das seit 1923 verheiratete Paar ließ sich elegant gekleidet im Viechtacher Atelier Amberger ablichten. So wie beim „Fischerlenz" hielten sich Hausnamen oft sehr lange.

Sepp Kraus aus Blossersberg vor dem Haunergirgl-Haus. Die Haunergirgl-Geschwister Hans, Sepp und Rosl Kraus wirtschafteten in ihrem Elternhaus bis zu ihrem Tod miteinander. Zwei weitere Geschwister waren früh gestorben. Hans war zwar verheiratet, er hatte ein Haus am Rugenhof, doch da er seinem Bruder und seiner Schwester bei der Arbeit half, kam er oft nur am Wochenende nach Hause. Noch heute kann man in dem inzwischen leerstehenden Haunergirgl-Haus den lehmgestampften Fußboden sehen.

Die „Hacklschreinerin“ Maria Hackl geb. Meidinger (1886-1965) eröffnete 1909 den ersten Kolonialwarenladen in Blossersberg und führte ihn 43 Jahre lang. Ab 1952 wurde der Laden nach Hausabbruch und Neubau von ihrer Tochter Frieda weitergeführt. In Blossersberg gab es in der Folgezeit sieben Lebensmittelläden. Heute existiert kein einziger mehr.

Hans und Liese Nürnberger lebten lange Zeit in Blossersberg. Ihren Lebensunterhalt verdienten sie sich als Straßenmusiker, sie reisten im ganzen Umland von Viechtach umher. Der fast blinde Hans Nürnberger, wegen seiner Herkunft aus Reilsteg bei Arnbruck der „Rejlstej-Hans" genannt, spielte Knopfharmonika, die aus der Ramsau bei Berchtesgaden stammende Liese schlug die Trommel und sang. Diese Aufnahme entstand am 1. September 1963 in Blossersberg.

Xaver („Xire")Bauernfeind stammte aus Blossersberg, war jahrelang als Wanderarbeiter unterwegs und verdiente sich seinen Lebensunterhalt unter anderem mit Ziegelschlagen. Bekannt war er für seine Liebe zum Sport und seine originellen Sprüche. Er führte in seinem Heimatort den Langlauf ein, war „Taubennarr" und ein gewandter Ringer, außerdem ein Anhänger von Fußball und Schach. Hier spielt er eine Partie gegen Steri Haiduli, den griechischstämmigen Mitbesitzer des Schuhhauses „Jan-Hai" in Viechtach. Rechts von Xire mit dem Taschenmesser geschnitzte Schachfiguren.

Liesl Bauernfeind Anfang der 50er Jahre beim Holzaufschichten am Sägewerk ihres Schwiegervaters Georg „Sheriff" Bauernfeind in Blossersberg. Die Wurzelstöcke wurden zu Brennholz zerkleinert. Liesl Bauernfeinds Mundartgedicht über eine lokale „Wegbeschreibung" ist in M. Kollmers „Die schöne Waldlersprach" wiedergegeben.

Anna Penzkofer, die „Vizenz-Nanni" aus Blossersberg, 1942 mit Schwester Kathi Stumbam und Tochter Anna Penzkofer, verh. Wühr, beim Heidelbeerbrocken auf dem Kronberg. Die Heidelbeeren und „Schwammer", die die Frauen und Kinder während des Tages gesammelt hatten, wurden bei den Blossersberger Kramerläden, dem Mirtl-Lies (Reisinger) oder dem Hackl-Schreiner (Heigl), angeliefert und gewogen. Von dort holten sie die Konservenbetriebe Weghofer in Pirka und Meimer in Kötzting ab.

Das Wühr-Haus im unteren Teil von Blossersberg, um 1955, heute an der Kurve der Umgehungsstraße. Es war vor dem Umbau noch aus Holz, im Erdgeschoß mit Schindeln verkleidet. Gänse waren früher fast auf jedem Bauernhof zu sehen, das Fleisch wurde verkauft. Die Federn wurden für Bettfüllungen aufbewahrt. Ein jämmerliches Bild boten die Tiere, wenn sie im Sommer bei lebendigem Leib gerupft wurden.

Johann Wühr raucht eine Feierabendzigarette auf dem Kanapée, seine Frau Josefa strickt. Ein häufiger Anblick in Bauernstuben: der „Regulator" an der Wand, das Radio sowie der Abreißkalender.

Der Schneider Anton Pritzl (*um 1909) vor dem Elternhaus in Rattersberg. Wie sein älterer Bruder Hans, der das Anwesen übernahm, und sein jüngerer Bruder Georg, erlernte Anton das Schneiderhandwerk und ging auch auf die „Stör“. Anton Pritzl heiratete nach Matzelsdorf, er fiel kurz vor Kriegsende 1945.

Kreszenz Preißer (1883-1971) aus Bärndorf war eine geborene Wagner vom Hinkhof, von wo sie den Namen „Owe-Zenz“ mitbrachte. Mit ihrem Mann Andreas Preißer hatte sie das Haus in Bärndorf gekauft, vor dem sie hier mit zweien ihrer Kinder – links Otto (*1921) und rechts wohl Karl (*um 1918, stürzte im Zweiten Weltkrieg mit dem Flieger ab) – zu sehen ist. Aufnahme 1926.

Schönauer Prozession am „Kranzltag“ (Fronleichnam), um 1937. Hier ist die Wegstrecke zwischen Schönau und Gscheidbühl festgehalten. In Gscheidbühl befand sich an der Kapelle einer der vier Altäre. Dieses Foto stammt aus dem Nachlaß von Georg Hofmann (1895-1966), der von 1929 bis zu seinem Tod Expositus in Schönau war.

Mit der Hand wurden die Kornmandln von der Familie des „Wurzer“ in Gstadt zur Ernte aufgestellt, von links: Konrad Piller, Ottilie Piller, die später ins Kloster ging, Hedwig Piller und der Übernehmer Johann Piller. Im Hintergrund ist die Bahnlinie der Regentalbahn zu erkennen, die Wiese dahinter ist heute aufgeforstet.

Hausschlachtung beim „Hoimerl“ in Gstadt. Die Schweinehälften sind schon aufgehängt. Dem Metzger Willi Piller aus Schönau wird bei der Arbeit von den beiden Bauernkindern Agnes und Rosmarie Bielmeier auf die Finger geschaut, um 1970.

Die Fähre über den Regen in Gstadt mit Georg Steinbauer (1925-1990). Das kleine Mädchen ist vielleicht seine Tochter. Die an einem Drahtseil befestigte Fähre verband Gstadt mit der Bahnhaltestelle und dem Wirtshaus Weinfurtner am anderen Ufer, dort konnte man den Fährmann mit einer Glocke rufen. In der Mitte des Regen mußte das Boot wegen des Strömungswechsels umgedreht und an der anderen Seitenwand befestigt werden. Wegen des geplanten Stausees verkaufte Steinbauer sein Haus Ende der 50er Jahre und zog nach Winzer.

Heuernte beim „Woferl" unterhalb der Burg Neunußberg, hier auf der Gscheidwiese, 1932. Von links: Michael Holzfurtner, Andreas Holzfurtner, Peter Holzfurtner, Mutter Maria Holzfurtner geb. Bauer (*1876), Maria Holzfurtner, Resi Hirtreiter, ein adoptiertes Kind, Josef Holzfurtner. An den Heuwagen – die dann von vier Ochsen heimgezogen wurden – ist jeweils der „Wiesbaum" zu erkennen. Er war mit Heuseilen am Wagen befestigt, mit einer Winde wurde er bewegt und damit das Heu zusammengepreßt.

808 m hoch liegt die Ries einsam, aber weithin sichtbar auf einer Bergwiese bei Neunußberg. Seit 1741 sind die Sterrs hier Hofbesitzer. 1892 übernahm Georg Sterr den Hof von seinem unverheirateten Onkel. Hier ist er mit seiner Frau Maria, geb. Köppl aus Weigelsberg, und den beiden Söhnen Michael (*1907, späterer Nachfolger) und Georg (*1910, „Hackl-Schosl" in Rattersberg) zu sehen.

Bevor sie „ins Holz" gehen, nehmen die beiden Riesbauernsöhne Michael (*1907) und Georg (*1910) von der Mutter die Brotzeit für die Waldarbeit in Empfang: einen Keil Brot und einen Krug Wasser. Georg hält eine Baumsäge in der Hand. Neben der Haustüre ist ein Krautfaß zu sehen.

Bis ins Alter war der Riesbauer Michael Sterr (1907-1995) in der Landwirtschaft tätig, hier im Stall beim Einstreuen, Aufnahme von 1989. Jugenderinnerungen des Riesbauern, in Lautschrift aufgezeichnet, sind in M. Kollmers „Die schöne Waldlersprach", Bd. 3, enthalten.

1894 gab es noch ein Brechhaus in Amesberg. Es wurde im selben Jahr abgerissen, an seiner Stelle errichtete Josef Daffner dieses Wohnhaus mit Stall und Stadel unter einem Dach. Seit 1922 war Xaver Weiß im Besitz des Hauses. Der Spanier „tsikido" (siehe Signatur rechts unten) war ein Freund der Familie. Er malte das Haus 1947. Heute ist es durch einen Neubau ersetzt.

Dieses Brechhaus gehörte zum Schmelmerhof in Pfaffenzell. Brechhäuser standen wegen der Brandgefahr meist abseits: Im Heizraum wurden die Flachsbüschel gedörrt, im Brechraum dann gebrochen, gehechelt und geschwungen. Mit Brechböcken und Schwingmessern sind von hinten links zu sehen:1. Müller, 2. Maria Wieser, 3. Maria Schmelmer, 4. Theres Kraus, 5. Früchtl (?), 6. Maria Kraus, vorne: Maria Kraus, Chr. Eiberger, Ottilie Kraus, Schaffer, auf dem Pferd Max Kraus.

Die vielköpfige Häuslerfamilie Saller stammte aus Eben und kaufte sich 1884 in Haselbach ein. Diese Aufnahme entstand um 1895: Das Ehepaar Monika und Johann Saller (1832-1898) mit den Kindern, von links: Franziska, Maria, Michael, Josef, Max, der später Hochzeitslader wurde, Johann, Xaver, der sich in Viechtach als Seiler niederließ und der Großvater des letzten Viechtacher Seilers Max Saller war, Katharina, Name unbekannt.

Die Söhne des Aubauern von Pfaffenzell vor dem Aufbruch zur Jagd: rechts Josef Köppl (*1896), links von ihm Wolfgang Köppl (*1889). Auf der Gred die Eltern, der Aubauer Anton Köppl und seine Frau Katharina mit (von links) Kreszenz (*1908), Maria (*1897) und Anton (*1910). Am Haus ist das Brennholz aufgeschichtet, im Vordergrund sind hölzerne Kinderschlitten, „Strohbockerl" genannt, zu sehen. Im Hintergrund links die Miststatt mit Schubkarren.

Links Karl Brem (1879-1963), Wirt in Wiesing, mit seinem Sohn Alfons (*1924, im II. Weltkrieg gefallen) und einem Jagdfreund. Am Zaun die Jagdbeute, ein Birkhahn und ein Auerhahn (heutzutage ganzjährig geschont).

Ein schönes Ensemble war die Wiesinger Kirche mit dem alten Pfarrhof, der 1903-04 im Stil des Historismus erbaut worden war und Kachelöfen im Jugendstil enthielt. 1985 wurde er auf Veranlassung von Pfarrer Fersch leider abgerissen.

Die „Schwirzerlin“ Monika Schwürzinger (1904-1974) aus Reilbrunn beim Ziegelschlagen für den Hausbau. Ihre Kinder, von links, Otto (*1929), Fritz (*1928) und Konrad (*1933) helfen ihr dabei. Zur Ziegelherstellung suchte man sich eine Lehmgrube mit Zugang zum Wasser, mit einem Model wurden die Ziegel geformt und in der Sonne getrocknet, Aufnahme um 1936.

Ein Wintervergnügen für die Kinder war das Schlittenfahren. Auf dem Bild die Brem-Kinder aus Amesberg, von links: Elisabeth (*1926, verh. Penzkofer), Willi (*1921), Eduard (*1928), Konrad (*1924) und Rudolf (*1923).

Der Zimmermeister Xaver Raith aus Reilwies (1894-1960) auf dem Dachstuhl. Er führte Regie beim Schulhausbau in Wiesing, um 1950. Im Hintergrund zu sehen ist der Wieserbauer.

1806 war das Bärnlochgütl erbaut worden, vorher stand dort nur ein Bergstall. Hier die Familie Geiger vom Bärnloch: Englbert (1893-1942) mit seiner Frau Zilli (1897-1975), seiner Mutter Katharina (1857-1932) und seinen Töchtern, von links, Rosina (*1927), Zilli (*1924) und Ottilie (*1927, verh. Pritzl).

Beim „Preiß z'Pirka" um 1920: Das im Umbau befindliche Bauernhaus ist teilweise noch unverputzt. Gut zu erkennen sind die selbstgebrannten Ziegel, vor dem Haus das kleine Brennholz und Reisig. An einer langen Stange ist die Wäsche aufgehängt. Auf der Gred stehen, von links: 2. ein Knecht, 3. „Wamm" Maria, ein adoptiertes Kind, 4. der Bauer Josef Bielmeier (*1896), 5. und 6. seine Eltern Michael und Anna Bielmeier, 7. Kathl Bielmeier, verh. Graf, Wirtin in Wettzell.

Der „Preiß z'Pirka" bringt 1935 mit dem Pferdefuhrwerk eine Fuhre Stroh ein. Hinten von links: eine „Dirn", Bäuerin Maria Bielmeier mit Georg, Bauer Josef Bielmeier, zwei Knechte. Die Kinder vorne sind Maria Bielmeier, verh. Rabenbauer, wohnhaft in Hilb, und Josef Bielmeier, der heutige Austragsbauer.

Der „Grotz z'Pirka" um 1916. Von links: ein Knecht, zwei Hütbuben, eine „Dirn", deren Rufname „Lorer Cilli" war, verh. Kauschinger, die „Grotzin" Franziska Preuß. Der Bauer war im Krieg. Alle Personen tragen selbstgemachte Holzschuhe. Gut zu sehen ist noch der alte Zustand des Hofes: Auf dem Stalldach sieht man Steine zum Beschweren der Schindeln, direkt vor dem Haus das „Sommerhäusl".

Ein weiterer alter Hof in Pirka ist der Holzfurtner-Hof. Vor dem Einfirsthof, mit gedrechseltem Balkongeländer, stehen auf der mit großen Steinen befestigten Gred, von links: Johann Preiß, Monika und Anna Preiß, die Mutter Monika Preiß, rechts neben den beiden „Kirben" die Semmelträgerin und Eierhändlerin Anna Kammerl. Brot und Semmeln holte sie vom Laumerbäck in Viechtach. Ganz rechts eine Fremde mit ihrem Kind. Aufnahme um 1920.

Josef Preiß aus Pirka, geb. 1884, und seine Tochter Josefa Preiß mit Sense und „Wacheln" beim Kornmähen. In der Mitte Tochter Kreszenz und Ehefrau Cäzilia. Da keine Söhne vorhanden waren, mußten die Töchter auch Männerarbeit verrichten.

Beim Holzrücken im Auftrag des Konservenfabrikanten Weghofer: Vorne links mit der Säge Sepp Schlecht, rechts neben ihm Xaver Graßl, ganz hinten mit der Latzhose Max Hackl, 3. von rechts Georg Weghofer, im Mantel, 2. von rechts Albert Fischl.

Georg Weghofer, rechts, Anfang der 70er Jahre in seiner Konservenfabrik in Pirka, hier mit seinem Gehilfen Siegfried Ecker. Verarbeitet wurden Pilze und Beeren in großen Mengen aus den Wäldern der Umgebung. Für viele einheimische Frauen und Kinder war das Heidelbeerzupfen eine willkommene und teilweise die einzige Möglichkeit zum Geldverdienen. Später wurden hier auch importierte Waldfrüchte verarbeitet.

Saisonarbeiterinnen beim Sortieren und Putzen von Schwammerln in der Konservenfabrik von Georg Weghofer: ganz rechts Frau Köppl, ihr gegenüber Karolina Meier, links davon mit dem Gesicht zum Betrachter Frau Leseck jun. und ihre Schwiegermutter Leseck sen., Frau ihnen gegenüber unbekannt, links im Hintergrund Maria Stern. Im Vordergrund Rosina Zinnöcker, links, und Zenta Zieselsberger.

Beim Eiberger in Lammerbach im Kriegsjahr 1915: Die schwangere Maria Eiberger trägt Hans auf dem Arm, rechts Sepp und Anna. Der Ehemann war zu diesem Zeitpunkt im Krieg und starb 1916 an Wundbrand. Hans wurde Postbote, später verlor er einen Arm.

Der Peterbauernhof in Tresdorf stand bis zu seinem Abbrand 1927 auf dem Anger neben dem jetzigen alten Hof, im Hintergrund. Die Dorfnachbarschaft mit Kindern, Tieren und Arbeitsgeräten versammelte sich zu diesem Foto. Auch eine Frau an der Nähmaschine ist zu sehen. 6. von links (mit Krug) Anna Peter, 7. (mit Rechen) Maria Dimpfl, verh. Preiß, 9. Lina Dimpfl, 10. (mit Rechenstiel) Maria Brunner.

Drei Brandunglücke trafen die Familie Peter aus Tresdorf. Im September 1954 schlug der Blitz ein, der Stadel brannte ab. Bereits 1927 war der Peterbauernhof abgebrannt, dann kauften Josef und Franziska Peter den Racklhof, dessen Besitzer Schlecht die Schnitzmühle erwarb. Der Hausname Peterbauer wanderte hierher. Dieser Hof brannte später wegen Brandstiftung ab.

Tresdorfer Mädchen um 1920, für den Fototermin zurechtgemacht. Sitzend, von links : 1. Maria Schlecht, verh. Kilger, 2. Ottilie Preiß, verh. Saller, 3. Anna Peter, 4. Maria Peter, verh. Dorfner, Krailing, 5. unbekannt, 6. Anna Kufner, verh. Zollner. Stehend: 1. unbekannt, 2. Franziska Preiß, verh. Peter, 3. Anna Preiß, verh. Zacher, 4. Maria Dimpfl, verh. Preiß, 5. Maria Brunner, 6. Franziska Schlecht, verh. Wühr, 7. unbekannt, 8. Lina Dimpfl, Pfarrhaushälterin, und 9. Rosa Raster, verh. Tremmel.

Beim „Preiß" in Tresdorf um 1925. Das alte Haus war abgerissen, das neuerbaute noch unverputzt. Die Bruchsteine stammten aus dem Steinbruch Igleinsberg. Vor dem Haus das Ehepaar Josef Brunner (*1882) und Maria Brunner, geb. Stöger aus Berg bei Krailing, mit den Kindern – vermutlich Maria, Fanny und Anna, links eine „Dirn".

Josef Brunner, „Preiß" in Tresdorf, mit seiner Ehefrau Maria in den 1960er Jahren bei der Stallarbeit. Maria Brunner gießt die frische Milch aus dem Melkeimer durch den Seiher in die Milchtransportkannen. 1964 wurde in Viechtach ein Zweigbetrieb der Molkerei Cham eröffnet.

Großmutter Maria Brunner, „Preißin" in Tresdorf, hütet mit Enkelin Lieselotte hinter dem Haus die Sau mit ihren Ferkeln, um 1960.

Hausschlachtung beim „Preiß" in Tresdorf: Rechts Bauer Josef Brunner, links „Hanslbauer" Hauptmann als Brandmetzger. Im Vordergrund steht ein neuer Sautrog.

Seit ca. 500 Jahren ist der Name Preiß auf dem Ehrenhof nachgewiesen. Laut Abschrift aus dem Viechtacher Salbuch betrug die „Stifft" des Ehrenhofbauern Adam Preiß an den Pfarrhof zwischen 1606 und 1618 jährlich zwei Hennen sowie an Georgi und Michaeli je 5 Regensburger Pfennige. Die Aufnahme, nach 1919, zeigt vorne von links Franziska Preiß geb. Weiß, sie kam vom Steinhof (†1919, in das Foto montiert), und Josef Preiß. Hinten die Kinder Johann, Georg, im Krieg vermißt und in das Foto montiert, Franziska, Josef, Alois, Maria sowie der Hoferbe Xaver.

Jäger vor dem neuen Ehrenhof – das alte Haus war Ende des 19. Jahrhunderts abgebrannt. Von links: Heinz Scheungrab, sein Schwiegervater Josef Bäuml, Walter Neppl, Alfons Bauernfeind, Georg Stöger, Ferdinand Baumgartner („Houhberger Ferdl"), der Ehrenhofbauer Hermann Preiß, Franz Raith, Rudi Bauernfeind, Josef Treimer. Aufnahme von Gustl Kitzinger, um 1960.

Vor dem Wohnhaus der Steinmühle bei Fichtental. Von links: Willibald, der Pater in Metten wurde, Mutter Franziska Weber, vor ihr Xaver, Vater Michael Weber mit Anna, vor ihm Cäzilia, Michael und Sepp, der nach Kanada ging. Im Hintergrund die Höfe am Steinhof.

Knechte mit der Baumsäge vor dem Sägewerk Steinmühle.

Kartoffelklauben auf der Steinmühle in den 1930er Jahren. Von links: Anna Weber, verh. Fischl, zwei Knechte, Cilli Weber und Rosa Weber. Alle Arbeitsgänge wurden noch von Hand verrichtet. Im Hintergrund ist eine Steinmauer zu erkennen; die auf den Feldern aufgelesenen Steine waren als Grundstücksabgrenzungen verwendet worden.

Feierabend in der Steinmühle in den 1930er Jahren. Die Familie Weber beschäftigt sich mit Kartenspielen, Journalen und einem Steinbaukasten. Von links: Franziska Knott, verh. Stoiber, „Schmidmeierin" in Viechtach, Anna Weber, verh. Fischl, zwei Knechte, Xaver Weber, der Knecht Hermann Fischl, Cilli Weber.

Die wohl im 12. Jahrhundert gegründete Geigenmühle ist urkundlich erstmals 1419 erwähnt. Aus einem Erbrechtsbrief geht hervor, daß sie 1780 von der Leibeigenschaft befreit wurde. 1872 kauften Johann Klement (1843-1894) und Katharina, geb. Eckmann, (†1915) die Geigenmühle für 12.000 Gulden. Von links: Mühlknecht Hein, Katharina Klement, zwei Mägde, Tochter Philomena, Aufnahme zwischen 1912 und 1915. Die übernehmende Tochter Johanna Klement (*1881) heiratete 1902 Alois Penzkofer aus Hagengrub.

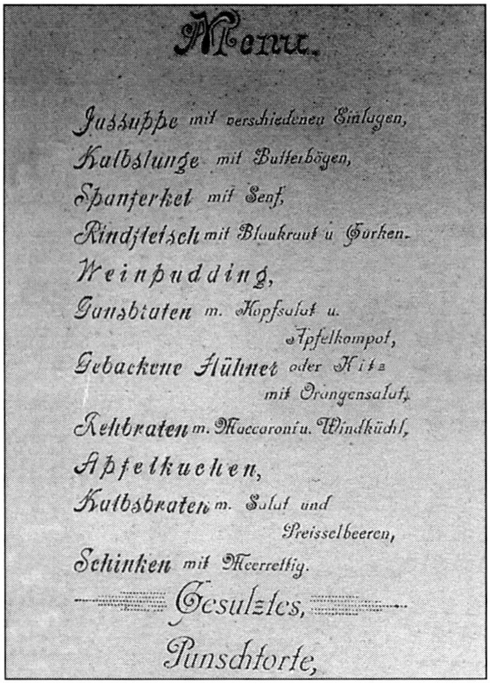

Menu.

Jussuppe mit verschiedenen Einlagen,
Kalbslunge mit Butterbögen,
Spanferkel mit Senf,
Rindfleisch mit Blaukraut u Gurken.
Weinpudding,
Gansbraten m. Kopfsalat u. Apfelkompot,
Gebackene Hühner oder Kitz mit Orangensalat,
Rehbraten m. Maccaroni u. Windküchl,
Apfelkuchen,
Kalbsbraten m. Salat und Preisselbeeren,
Schinken mit Meerrettig.
Gesulztes,
Punschtorte,

Alois Klement (1876-1906) von der Geigenmühle wurde 1901 zum Priester geweiht. Er war Kommorantpriester, also ein Geistlicher, der sich ohne Seelsorgepflichten an einem Ort niederließ. Einen Eindruck von der hohen damaligen Küchenkultur in Wirtshäusern auf dem Land vermittelt diese Speisekarte zur Primizfeier von Alois Klement im Jahre 1901 in Prackenbach.

Die Schedlbauer aus Hinterhagengrub erwarben Ende des 19. Jh. die Wiedenmühle. Hinten von links: Rosa (1899-1920), der spätere Wiedenmüller Alois (1897-1964), Xaver (1887-1921), Ferdinand (1895-1919), Maria, die „Wiedenmühl-Marl" (1890-1974), Anna (1902-1983). Vorne: Mutter Brigitte Schedlbauer, geb. Lummer, († 1859), Franziska (1906-1977, verh. Haseneder), der Vater (Lummer) oder Schwiegervater (Jakob Schedlbauer) von Brigitta Schedlbauer, rechts sitzend ihre Schwiegertochter mit deren Kindern.

Die Wiedenmühle bei Prackenbach war ein Sägewerk und eine Mühle. Im Hintergrund das alte Wohnhaus. Die Personen von rechts: Maria Schedlbauer genannt „Wiedenmühl-Marl", ihre Nichte „Nandl", die Tochter von Xaver Schedlbauer, der Hausbesitzer Alois Schedlbauer mit seiner Frau Anna, geb. Häring, auf ihren Armen die Zwillingstöchter. Vorne wohl Alois, der spätere Hoferbe und Ferdl, der Sohn von Maria Schedlbauer.

Vielen Viechtachern war Anna Lorenz geb. Seiderer (1909-1993) aus Schwarzendorf bei Krailing bekannt. Unkonventionell in Dreiviertelhosen gekleidet half sie auf dem Viechtacher Wochenmarkt aus und brachte auch Erzeugnisse aus der eigenen Landwirtschaft zum Verkauf. Bis ins hohe Alter war sie auch Zugehfrau bei einer Viechtacher Familie.

Auf der Rückseite dieser Ansichtskarte von Prackenbach steht: „Lieber Herr Manse. Heute habe ich mir erst Zeit genommen, daß ich ihnen schreibe. Mir gefällt es hier sehr gut. Trinke alle Tage Bier. [...] Viele Grüße von Alfred Gagset."

Die auf der Postkarte abgebildete Villa gehörte dem „Villa-Bräu“ Ferdinand Schedlbauer, hier mit seiner Ehefrau Anna, geb. Schießl (1870-1940). Schedlbauer (1869-1952) war 1900-1919 Bürgermeister von Prackenbach, 1912-1919 Mitglied des Deutschen Reichstags, außerdem 1926-1936 Reichsbranddirektor von Niederbayern. Die Brauerei übernahm Heinrich Eidenschink, ein Verwandter aus Viechtach.

Der Krieger- und Veteranenverein Prackenbach vor der „Bierbrauerei v. Heinrich Eidenschink“ in Prackenbach. Ganz links Heinrich Eidenschink (*1872). In den Türstock eingemeißelt ist „Johann Schedlbauer 1883“. Vorne sitzend 2. von links Bürgermeister Ludwig Zach „Zah-Wonga“, 3. Mauermeister Karl Schedlbauer, 4., mit der Schärpe, Alois Penzkofer von der Geigenmühle, 5. Hans Penzkofer, Hagengrub. Links neben der Sitzbank stehend, mit der Schildkappe, Josef Kraus aus Hagengrub oder Sebastian Neumaier („Postbot-Wastl“).

Ein weiteres traditionsreiches Wirtshaus in Prackenbach war das Gasthaus Wieser, heute Bielmeier. Hier der Wirt Michael Wieser mit seinen Enkeln, von links, der spätere Nachfolger Michael, Hans, Georg und Ferdinand Bielmeier.

Die Wirtsleute Hans (1889-1966) und Emma Bielmeier, geb. Wieser (1889-1965). Emma war die Tochter von Michael Wieser und übernahm das Gasthaus. Ihr Ehemann Hans Bielmeier war ebenfalls ein Wirtskind, er stammte aus der „Neuen Post" in Viechtach.

Das Haus des „oberen Kirchendieners“ Lummer in Prackenbach um 1920, mit flachem Satteldach, an der Giebelseite ein schlichter Holz-“Schrout“. Am Haniglzaun sind 15 Totenbretter angebracht. Auf den Totenbrettern wurden früher die Verstorbenen aufgebahrt, die Bretter wurden später mit Namen und Lebensdaten versehen und zur Erinnerung aufgestellt.

Der um 1150 erstmals erwähnte Pielmeierhof in Ramersdorf. Von links: unbekannt, Kreszenz, verh. Fuchs, Maria, verh. Fuchs, wohl mit der kleinen Schwester Thekla, Johann, Vater Josef Bielmeier, ein leidenschaftlicher Jäger, mit einem erlegten Fuchs, Alois, der Nachfolger auf dem Hof, Mutter Monika, geb. Lobmeier, zwei Mägde, vor ihnen Karl, zwei unbekannte Männer, vor ihnen Anna und Rosa, Englmeier, unbekannt, vor ihm Monika, verh. Klement, und vermutlich Albert, Sepp, ein Drittler Knecht, der „Häuslmann“ Biebl.

Flachshecheln beim Gigler in Ramersdorf, um 1942. Von links: Anna Bielmeier, Kreszenz Attenberger,"Häuslweib" beim Gigler, der polnische Zwangsarbeiter Michael Rudyk, der Giglerbauernsohn Sepp Goham, Maria Schötz, Anna Weber von der Dorfmühle. Die Frauen tragen Tücher, weil es bei dieser Arbeit sehr staubte. Rechts der Backofen, hinten das Penzkofer-Anwesen.

Die Giglerin von Ramersdorf, Maria Goham, geb. Schötz aus Schwaben, am Spinnrad. Die ganzen Wintermonate über war dies ihre Beschäftigung. Diese und viele weitere Aufnahmen wurden von einem ihrer Söhne, einem begeisterten Hobbyfotografen, gemacht.

In der Riegelbauernstube in Ramersdorf trafen sich während des Krieges manchmal die Polen, die auf den umliegenden Bauernhöfen arbeiteten. Teilweise waren die polnischen Arbeiter Kriegsgefangene, teilweise aber auch Freiwillige. Von links: Michael Rudyk, der beim Gigler arbeitete, Edmund (beim Langerbauern), Marian (beim Riegelbauern), Name unbekannt und Wastl (ebenfalls beim Riegelbauern).

Kollnburg mit Teilen der früheren Burg, der Kirche und dem Schulhaus. Kollnburg war im Mittelalter Sitz der „Calnberger", dann der Nußberger. Seit 1472 wurde der Besitz von herzoglichen Lehenspflegern verwaltet, nach der Vergantung 1817 „zertrümmert", die Gründe an die Bevölkerung versteigert. Markstaller schreibt dazu in seiner Chronik: „... die durch den Schloßbetrieb nötige Betätigung der kleinen Leute als oft recht geschickte Handwerker, Maler, Jäger, Musiker, auch untätige Roßtäuscher ist der Hofmarksbevölkerung öfter geblieben."

Der Schuster Michael Schroll (*1910 in Kollnburg, †1987 in Böbrach) betrieb nicht nur seine gut ausgestattete Werkstatt, sondern fotografierte schon als 20jähriger. Auf der Rückseite der Postkarte ist der Stempelaufdruck „Michl Schroll, September 1930“ zu sehen.

Michael Schroll machte diese Aufnahme: Der Steinhauer Xaver Artmann aus Kollnburg mit seinem gleichnamigen Neffen im Wald bei Kollnburg beim Pflastersteinhauen. Steine wurden oft im Wald bearbeitet.

Goldene Hochzeit feierte das Ehepaar Lobmeyer aus Rechertsried in Ayrhof. Johann Lobmeyer und seine Frau Rosina, geb. Zieselsberger, werden eingerahmt von ihren Kindern, von links Walburga, Rosina, Johann – der Hoferbe – Anna, verh. Tremmel, Monika, verh. Bielmeier, Karl, der als Färber in Viechtach arbeitete, Maria und Theresia, die mit dem Lehrer Peter verheiratet war.

Der Heiglbauernhof in Steinbühl bei Kollnburg, ein Einfirsthof mit Wohnhaus in Blockbauweise und mit gemauertem Stall. Das Dach war noch geschindelt und mit Steinen beschwert. Jedes Stockwerk des zweistöckigen Wohnhauses war mit einem „Schrout" versehen, auch das ausgebaute Dachgeschoß. Das Haus wurde später abgerissen und durch einen Neubau ersetzt. Vor dem Haus die Besitzer Schroll, zwei Söhne in Militäruniform, zwischen 1914 und 1918.

Beim „Schwo-Huis" der Familie Kraus in Reichsdorf, von links: ein Hütbub, das Pferd hält der Hoferbe Johann, die „Huisbäuerin" Anna, verh. Peter, der Bauer Johann Kraus, eine Dienstmagd, Johanns zweite Frau Maria, Franziska, verh. Steinbauer. Die Kinder, vorne von links: Georg, Rosa verh. Preiß, Therese, verh. Penzkofer, und Maria, verh. Pritzl.

Diese beiden Austräglerinnen beim Schwo-Huis in Reichsdorf haben – laut „Waldeszauber" von Otto Hartmann – „ viele Tage ihres Lebensabends immer noch arbeitsam und einsam vergnügt zugebracht, indem sie […] mit dem Fuß das Spinnrad in Bewegung erhielten, mit einer Hand den Faden und mit der andern ihr Gebetbuch regierten und die Augen auf die Straße richteten, sobald jemand vorüberging, damit ihnen ja niemand auskam." Foto: G. Seidlmayer, um 1920. Rechts Josef Kraus (um 1850-1941), ein Bruder des „Schwo-Huis"-Bauern Johann Kraus. Unverheiratet blieb er zeitlebens auf dem Hof im Leibtum. Ihm war eine kleine Stube im Haus zugewiesen, nach der Übergabe zog er mit dem Altbauern ins Austragshaus.

Der Kollnburger Schreinermeister Alois Preiß – auch er ein begeisterter Fotograf – fertigte in den 1920er Jahren dieses Mobiliar für den „Kammerwagen" einer „Schwo-Huis"-Tochter in Reichsdorf.

Die Mandl, eine Bauernfamilie aus Reichsdorf. Vorne, von links: Anna Klement, verh. Müller, Cilly. die Köchin beim Festerl wurde, die aus Rubendorf stammende Mutter Kreszenz, Kathi, Vater Xaver, Alois, der in Furth im Wald Soldat war, die Daffnerin Maria, verh. Göth. Hinten Rosa, verh. Kiefl, Goglbäuerin in Reichsdorf, der Hoferbe Xaver und Kreszenz.

Der „Kath. Burschenverein Kirchaitnach Allersdorf" wurde am 19. September 1909 anläßlich der Fahnenweihe vom Fotografen Amberger vor dem Gasthaus Wieser in Kirchaitnach abgelichtet. Vorderste Reihe von links: 6. Michael Peter, Allersdorf. Zweite Reihe: Fahnenmutter Katharina Spitzenberger vom Kreutzberg in Viechtach, Pfarrer Hof, Kooperator Markstaller, das rechte der drei kleinen Mädchen ist Anna Wittenzellner, verh. Altmann. Dritte Reihe: 4. Baumgartner, 7. Adalbert Schaupp. Vierte Reihe: 6. Josef Bielmeier, Berghaus, 7. Josef Altmann, Sickermühle, 8. Paukner, Neidling?, 9. Johann Hartmannsgruber, Allersdorf, 10. Josef Hartmannsgruber, Allersdorf, 12. Klimmer?. Hinterste Reihe von links: 9. Alois Wieser, Tanzstadel, 10. Wirt Josef Wieser, Kirchaitnach, 11. Hans Holzapfel, Taffnern, 13. Max Rosenlehner, Allersdorf.

Im Gasthaus Wieser fand am 1. Juli 1929 die Primizfeier des Michael Piller statt. Vordere Reihe von links:1. Wilhelm (Kargl), Stiefvater des Primizianten. 2. Wilhelm (Karglin), die Mutter des Primizianten, 3. Michael Piller, 6. Pfarrer Hof, 7. Bahndirektor Fischl, Viechtach 8. Michael Piller („Aigner-Herr"). Zweite Reihe: 2. Pfarrer Haibl, 4. Pfarrer Lipf, 8. Loibl („Schmied-Herr") Dritte Reihe: 3. Kooperator Freund, 4. „Lorenz-Herr", der Bruder der Tanzstadlerin, 5. Diener des Bischofs.

Der Tanzstadel in Kirchaitnach um 1917. Vor dem Haus Familie und Gesinde: In der Mitte Alois Wieser (1888-1946) und Frau Franziska, geb. Lorenz (1890-1942), mit den drei ältesten Töchtern Fanny, Maria und Josefa. Die an der Hausfront angebrachten Allerseelenbilder wurden beim Brand von 1933 nicht zerstört. Die Glocke auf dem Dach rief früher die Bauern zur Zehentabgabe.

Melkkurs 1939 in Tanzstadel. Vorne von links: Melklehrer Weilmann, Bauer Alois Wieser und seine Frau Franziska, Melklehrer, Tierarzt Haidn, Prüfer, Rosa Wieser, verh. Englmeier, Lini Schlecht, verh. Eckl. Zweite Reihe: Anna Klimmer, Franziska Fendl, Lina Jakob, verh. Holzapfel, Anna Wilhelm, Anna Hirtreiter, Veronika Meier, verh. Graßl, Anna Wanninger, verh. Probst, Frieda Haimerl, Therese Schlecht. Dritte Reihe: Ottilie Bielmeier, Monika Paukner, Emma Wieser, verh. Schlecht, Alois Rabenbauer, Ferdinand Piller, Racklern, Maria Wittenzellner, Rosa Gierlinger, verh. Hundshammer, Lini Probst, Rosa Fischl, Schweizer beim Tanzstadler.

Sepp Saller und seine Frau Maria. Sie waren „Häuslleute", zuerst beim Laumer in Hinterberg, dann beim Tanzstadel in Kirchaitnach. Eine Tochter war Köchin bei Pfarrer Lipf. Eine andere „Häuslfrau" erzählt: Ihre Familie durfte das Nebenhaus des Bauernhofes bewohnen und sich auf einem Ackerteil Getreide anbauen, dafür war der Mann von Georgi bis Michaeli zur täglichen Mitarbeit auf dem Hof verpflichtet. Zu Weihnachten wurde der Tagelohn von 20 Pfennig für das ganze Jahr ausbezahlt.

Der alte Brandhof an der Straße von Kirchaitnach nach Viechtach. Von links: Der verwitwete Altbauer Alois Wanninger, er hatte vom Liebhof hier eingeheiratet, eine „Dirn", Georg Miller, die spätere Bäuerin Maria Wanninger, verh. Paukner, Michael Achatz, Magd Maria Achatz, rechts unbekannt, um 1910.

Die Aumüllerin Philomena Fischl mit den Kindern Hans (hinten), Albert (vorne) Philomena, verh. Schaupp (hinten), Hedwig, verh. Aichinger (vorne). Im Kataster von 1808 ist der Aumüller mit „Mühlgerechtigkeit samt Schneidsäge" aufgeführt. Aufnahme zwischen 1914 und 1918.

Andreas Piller (1853-1912) aus Neidling, der „Aigner z'Neidling" heiratete 1886 die verwitwete Franziska Baumgartner aus Racklern, eine Wieser-Tochter vom Tanzstadl. Racklern ist seit der ersten Hälfte des 12. Jahrhunderts urkundlich belegt, als Graf Albert von Bogen dem von ihm gegründeten Hauskloster Windberg einen Hof in „Rakelsberg" schenkte.

Franz Piller mit Pferden vor dem alten Getreidekasten in Racklern. Der Getreidekasten, an der Giebelseite mit einem angebauten „Schrout" in zwei Stockwerken, wurde 1969 abgerissen. Aufnahme 1940.

Johann Stiglbauer, der „Häs“ in Neidling, und seine Frau Katharina, geb. Schmelmer aus Pfaffenzell. Als 1929 an Sohn Josef übergeben wurde, war Johann schon gestorben. Katharina erblindete im Alter wegen Diabetes. Bereits 1752/60 sind – laut Rudolf Penzkofer – in Neidling die Hofnamen „Aigner, Hiasl, Paukner“ belegt.

Anton Stiglbauer (1934-1999), der Enkel von Johann, beim Kartoffelschleudern mit zwei Pferden. Einen mundartlichen Spruch über die Gegend von Neidling hat der Mundartforscher M. Kollmer dokumentiert (3. Band, S.255): „Neiling du Treiling...“.

Weihnachtsfest 1919 beim „Grou-Gang" in Grub bei Kirchaitnach. Von links Alfons, Pauline, Vater Paul Schlecht, aus Hubing bei Altrandsberg, Großmutter Kreszenz Wilhelm, aus Lammerbach, Rosa, Mutter Franziska Schlecht, Sophie, Maria, Franziska, Anna. Vorne die Haindlbäuerin Mathilde, verh. Wanninger.

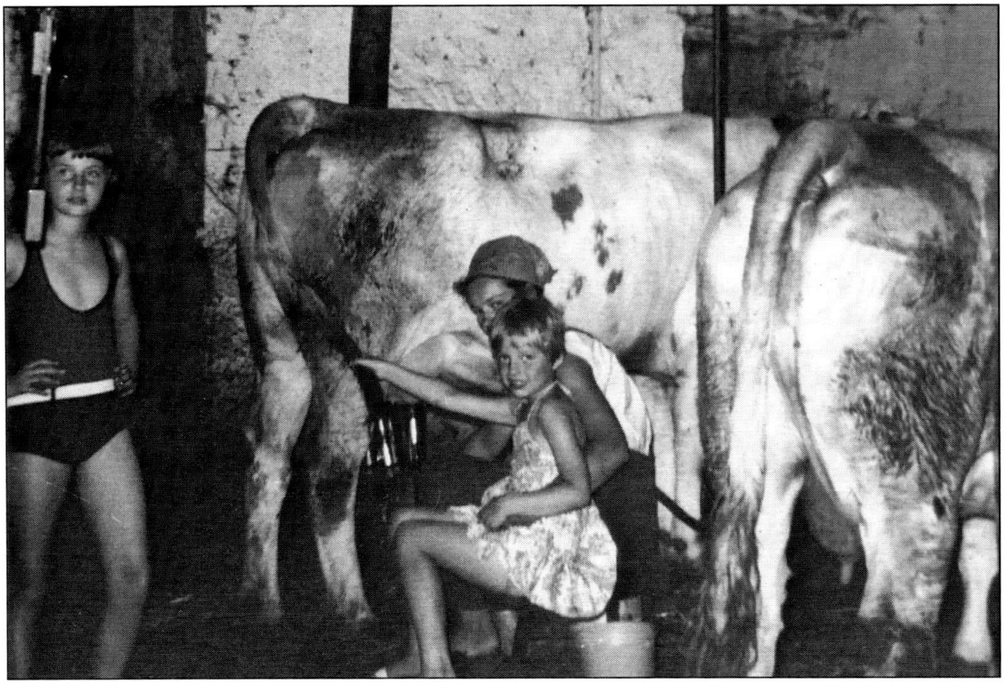

Im August 1966 entstand diese Aufnahme im Stall von Maria Gierl, geb. Stiglbauer, in Taffnern. Beim Melken dabei sind zwei Feriengäste. „Urlaub auf dem Bauernhof" mit Familienanschluß wurde seit den 60er und 70er Jahren sehr beliebt.

Kirche, Wirtshaus und Kramerladen: Mittelpunkt des Dorfes. Die Filialkirche Allersdorf wurde 1907/08 erbaut. Oben von links: die Schmiede Jakob, die Anwesen Schmied-Fränz (Jakob), Leinbauer (Stiglbauer), Leinhäusl, Wurzer-Mull (Altmann), Kramer (Schweighofer), und das Wirtshaus (Rosenlehner), Lenz-Miche-Mattl (Bielmeier). Unten links der Kramerladen, unten rechts das Austragshaus des Gasthauses Rosenlehner. Auch Ludwig Penzkofer, der Vater des Geschichtsprofessors Rudolf Penzkofer aus Tutzing, war ein gebürtiger Allersdorfer.

1895 hatte Martin Schweighofer (1871-1942) seine Kramerei im Austragshaus des Gasthauses Rosenlehner in Allersdorf begonnen, dann in seinem eigenen Haus weitergeführt. Hier ist er zu sehen mit seiner Frau Katharina, geb. Hinkofer aus Bärndorf, und den Kindern, von links Hans (1904-1988), Kreszenz und Maria, verh. Penzkofer, (1902-1968) die ab 1922 als Hebamme in Allersdorf tätig war. Laut der noch erhaltenen Grabrede ging Schweighofer immer morgens um 3 Uhr nach Viechtach, um Brot zu holen.

Hans Penzkofer (1904-1988) aus Allersdorf arbeitete im Steinbruch in Frankenried und betrieb auch eine Landwirtschaft. Vor allem war er ein passionierter Jäger und jahrelang Jagdpächter. Hier ist er mit zwei Jagdhunden sowie zwei erlegten Rehböcken zu sehen.

Die Schwestern Julianna (links) und Sieglinde Penzkofer aus Allersdorf beim Reiserhauen. Kinder wurden zu Arbeiten aller Art herangezogen, Aufnahme um 1938.

Dieser „Gruss aus Einweging“ stammt aus dem Jahre 1903. Vor dem „Gasthaus des Adalbert Schaupp“ wohl Familie und Gesinde. Adalbert Schaupp (mit Pferd) war ein Seifensiedersohn, der 1902 sein Haus in Viechtach verkaufte und mit seiner Ehefrau Katharina, geb. Bielmeier, deren elterliches Gasthaus in Einweging übernahm.

Egon Butzek (*1890 in Laurahütte, Krs. Kattowitz, †1983 in Osterhofen) war Oberlehrer und Kunsterzieher. 1945 verschlug es ihn als Flüchtling mit seiner Schulklasse in die Allersdorfer Gegend. Er wohnte im Liebhof bzw. in Einweging und aß beim Stadler in Mehlbach, die Schulklasse wurde in Ayrhof untergebracht. 1946 malte Butzek diese Ansicht vom Gasthof Schaupp in Einweging, daneben die kleine Kapelle mit der mächtigen Linde. Das Bild ist im Besitz von Philomena Stiglbauer, geb Schaupp.

Die Sickermühle um 1921 – das Haus war 1903 nach Abriß des alten erbaut worden. Von rechts: Knecht Albert Geiger, der Sickermüller Josef Altmann (1887-1968) mit seiner zweiten Frau Anna, geb. Stiglbauer, sowie den Söhnen aus erster Ehe, August, Josef, Ferdinand und Karl, der den Betrieb später übernahm. Ganz links Franziska, eine Schwester von Josef Altmann. Rechts ist der Mühlbach zur Mühle und zur Säge zu sehen, dahinter das Mühlgebäude.

Im Mühlgebäude der Sickermühle, um 1930. Hinten der im II. Weltkrieg vermißte August Altmann, vorne ein Helfer aus Lindenau. Die Sickermühle ist vermutlich im 12. Jahrhundert entstanden, im Herzogsurbar 1301/07 ist ihre Abgabepflicht erwähnt: „Aber Sikermuel III schilling." Der Täublmühlbach wurde zum Betrieb einer Mühle und einer Säge genutzt, nach Abriß des Mühlgebäudes wurde eine Turbine zur Stromerzeugung eingerichtet.

Der Liebhof um 1920, von links Veronika Wanninger, verh. Englmeier, Maria Wanninger, verh. Kraus, die „Lej"-Bäuerin Therese Wanninger, geb. Gamer, Philomena Wanninger, verh. Fuchs, Franziska Wanninger, verh. Kraus, eine Dirn und der spätere Besitzer Alois Wanninger, rechts wohl der Häuslmann und Ehhalten.

Das Ehepaar Therese, geb. Gamer aus Lindenau, und Josef Wanninger vom Liebhof. Ihre Ehe schlossen sie um 1895.

Der Haiderhof in seiner alten Form. Er wurde früher Trautmannsdorf genannt, vermutlich im 9. Jahrhundert vom Kloster Metten gegründet. Um 1156 schenkte „Babo de Phahlen" den Hof zu Trautmannsdorf dem Kloster Windberg. Der Glockenturm weist darauf hin, daß hier früher die Zehentabgabe erfolgte. Der Haiderhof „ in der Hofinger Gegend bei den sogenannten sieben Kurfürsten" gehörte zu den „besten Getreidebauern im Gericht" (Hazzi, Statistische Aufschlüsse, S. 224).

Joseph Hof, Bauer vom Haiderhof (1832-1901) und seine Frau Franziska (um 1842-1888). Das Ehepaar blieb kinderlos, den Haiderhof übernahm 1895 Alois Altmann aus Hinterholzen von seinem Firmpaten Joseph Hof. Alois Altmann war mit einer Egerbauerntochter verheiratet. Bis heute besitzen die Altmanns den Haiderhof, der mit ca. 81 ha die erforderliche Größe für eine Eigenjagd hat.

Eine Luftaufnahme aus dem Jahr 1963 vom „Brunner am Hof" in der Hofgegend. Unmittelbar rechts dahinter der „Plötz am Hof". Im Hofanlagsbuch von 1760 sind zwei Höfe, „Brunner, Plötz" erwähnt, die damals zur Hofmark Geltolfing gehörten (Penzkofer, S. 185).

Der Brunnerbauern-Knecht Hans Jungbeck mit einer Jungkuh samt Kalb. Er lebte lange Zeit auf dem Brunnerhof, heiratete dann nach Böbrach.

Eine harmonische Hofanlage stellten die Gebäude des Göttlhofs dar, wie auf dieser Luftaufnahme aus den 1950er Jahren zu sehen ist. Von links: das Austragshaus, das Wohnhaus mit angebautem Schweinestall, das kleine Gebäude hinten der Singerlstall, rechts Hühnerstall und Rinderstall, im rechten Winkel der Stadel. Vorne unterhalb des Wegs der Getreidekasten, der 1985 nach Viechtach neben das Spital verlegt wurde, und das Bienenhaus.

Die Göttlbauerntochter Anna Englmeier – seit 1958 verh. Wittenzellner, der Name Englmeier existiert seit 1756 auf dem Hof – bringt den Erntearbeitern die Brotzeit aufs Feld. Gewöhnlich wurden eine „weiße Suppe" genannte saure Milchsuppe und Brot gegessen, zum Trinken gab es „Speitelmost". Aufnahme um 1950.

Rast bei der Heuernte beim „Stoamer am Pfahl". Von links: Mutter Maria Steinbauer, Lila, verh. Preiß, Otto, Maria, verh. Tippmann, Knecht Sepp Kaps, Tagelöhner Anton Voitl und Anna Steinbauer, verh. Marx.. Die Ortschaft Pfahl ist seit 1156 urkundlich nachgewiesen und geht auf eine Dienstmannenburg der Grafen von Bogen zurück.

Landwirtschaftliche Handarbeit wurde im Lauf des 20. Jahrhunderts mehr und mehr durch Maschinenarbeit ersetzt: Der „Stoamer" Otto Steinbauer 1943 mit Pferden und Mähbinder. Dieses Foto zeigt anschaulich einen Zwischenschritt von der – von Zugtieren unterstützten – reinen Handarbeit hin zur Mechanisierung. Sein Sohn Otto Steinbauer kam mit seiner Frau und seinen beiden Kindern sowie dem Großvater 1961 bei einem Autounfall ums Leben.

Die Reibenmühle nahe der B 85, auch Egermühle genannt. Die Menschen sind sonntäglich gekleidet. Die Aufnahme wurde im Herbst gemacht, da das Vieh draußen weidet. Im Vordergrund ist der von der Aitnach abgeleitete Mühlbach zu sehen.

In der Stube der Reibenmühle. Von links: August Altmann von der Sickermühle und Maria Sigl, die Egermühltochter. Rechts wohl Egermühlsöhne bzw. Hütbuben.

Der Huttersberg direkt an der B 85, um 1900, mit noch strohgedecktem Stadel, geschindeltem Wohnhaus und Stall sowie zwei bereits ziegelgedeckten Schuppen. Das Bauernhaus war eingeschossig. Im Jahr 1754 ist ein Georg Fischl, Bauer zu Huttersberg, belegt, auch 1808 besaß ein Fischl das Haus (Penzkofer, S. 65 und S. 181).

Blick auf Kammeraitnach, vor 1923. Beim „Weber“ links oben ist der Familienname Ecker bis ins 17. Jahrhundert zurückverfolgbar. Noch heute ist der Webstuhl vorhanden. Vor dem Haus ist ein Halmhaufen zu erkennen. Im Vordergrund das um 1880 erbaute schindelgedeckte Austragshaus, vor dem Wäsche zum Bleichen ausgebreitet ist. Auf der Wiese ganz vorne ist der Mist noch nicht „gebreitet“. Kurz vor der Brücke eine heute nicht mehr existierende Kapelle. Rechts oben der „Goglbauer“ (Wanninger) mit noch strohgedecktem Stadel.

Beim „Simme“ in Rannersdorf: Die verwitwete Maria Heigl, geb. Kufner (1871-1953), vor dem alten Bauernhaus. Sie verlor innerhalb von vierzehn Tagen fünf ihrer zahlreichen Kinder an Diphtherie. Links der mit einem Gatter vor den Hühnern geschützte Hauseingang, darüber die „Oberlichte“, deren Pfropf im Sommer entfernt wurde, um die Schwalben zum Nisten hineinzulassen. An der Hauswand die Schilfrohrmatten, die oft auf den gezimmerten Balken angebracht wurden, um das Haus zu übertünchen und ihm ein gemauertes Aussehen zu verleihen. Rechts eine „Holzgoaß“ zum Holzschneiden, vorne zwei „Singerl-Born“.

Die Schnitzmühle, an der Einmündung der Aitnach in den Regen gelegen, wurde im frühen 12. Jahrhundert von den Bogener Grafen als erste Ausstattung des Klosters Oberalteich gestiftet. Damals war sie ein Viertelhof, noch 1752 gehörte sie zum Kloster (nach R. Penzkofer, Das Landgericht Viechtach). Diese Luftaufnahme aus den 60er Jahren zeigt die Schnitzmühle noch mit Sägewerk, unmittelbar dahinter verläuft die Bahnlinie. Oben das Anwesen Bielmeier (Schnitzhof). Heute ist die Schnitzmühle ein Hotelbetrieb mit Campingplatz.

# Die Heimat entdecken!

Von Kiel bis Wien,
von Aachen bis Görlitz:
Entdecken Sie Alltagsgeschichten
aus Ihrer Heimatstadt!

# Leben in der Großstadt …

Tauchen Sie ein in das quirlige Großstadtleben vergangener Tage. Spazieren Sie über breite Boulevards und stürzen Sie sich ins Nachtleben. Erkunden Sie ihre Stadt durch die Fensterscheiben einer Straßenbahn oder des ersten Käfers und bewundern Sie prächtig geschmückte Schaufenster.

# Erinnerungen an die Schulzeit …

Erinnern Sie sich noch an die Zeiten von Abakus und Schiefertafel, an Klassenausflüge oder den ersten Taschenrechner? Blicken Sie zurück auf große Klassen und gestrenge Schulmeister, entdecken Sie auf Klassenfotos Freunde und Bekannte von früher!

# Gesellige Stunden im Verein …

Fußballclub und Schützenverein, Musikkapelle und Gesellenverein: Schauen Sie zurück auf Volksfeste und Turniere, Chorproben oder Prunksitzungen. Erinnern Sie sich an schöne Stunden und das gesellschaftliche Leben in Ihrer Heimat.